ARCHITECTURE BY **MS ARQUITECTOS**

LOFT

ARCHITECTURE BY MS ARQUITECTOS

Concepto / Concept
MS Arquitectos

Textos / Texts
Marcos Sáinz
Maurice Sáinz
Monique Sáinz

Diseño y maquetación / Design and layout
Laia Pampalona Expósito

Traducción / Translation
textcase

© 2013 LOFT Publications

LOFT Publications, S.L.
Via Laietana, 32, 4°, of. 92
08003 Barcelona, Spain
T +34 932 688 088
F +34 932 687 073
loft@loftpublications.com
www.loftpublications.com

ISBN: 978-84-9936-863-4

Impreso en España
Printed in Spain

ÍNDICE

PROEMIO

No es aventurado decir que nos encontramos con la arquitectura desde que nacemos, la tenemos permanentemente presente desde que dirigimos nuestra primera mirada al entorno en los albores de nuestra existencia. A nuestro alrededor percibimos, desde el momento en que nuestros ojos se abren, unos seres que constituyen nuestro entorno familiar más cercano, que nos acompañarán largo tiempo en nuestras vidas pero que no están aislados, sino situados en un contexto: paredes, techo, suelo, espacio, dimensiones, formas... Aprendemos a nombrar estos conceptos y vamos asumiendo la noción de casa, calle, pueblo, ciudad... En definitiva, la arquitectura nos recibe en el mundo cuando llegamos y no nos resultará nunca ajena, sino familiar, siempre nos acompañará.

El paisaje que contemplará invariablemente nuestra mirada contendrá inexorablemente, ya sea en la urbe o en el ámbito rural, algún elemento que nos relacione con la acción del hombre a través de los tiempos para dominar la naturaleza y hacerla habitable de acuerdo con sus necesidades. La arquitectura –arte, ciencia, técnica y todo lo que entraña– pierde sus orígenes en la noche de los tiempos, pero en todo su desarrollo ha mantenido constante un elemento esencial e imprescindible: la creatividad.

Fue la creatividad, ese impulso interior, ese genio, lo que llevó al hombre a construir sus primeras moradas, habilitando los espacios de las cuevas como asentamiento donde resguardarse de las inclemencias de una naturaleza hostil. Después seguiría avanzando y seguiría creando en una carrera sin prisa pero sin pausa hasta llegar a nuestro entorno contemporáneo. La evolución del medio en el que la humanidad se ha ido desenvolviendo, la configuración de viviendas, pueblos, ciudades, de sus equipamientos, de sus servicios, han sido el fruto de la actividad creativa aplicada a la evolución del entorno físico.

Por supuesto, en el equipo de Marcos Sáinz, fundador del Estudio MS, se mantienen estos caracteres y fundamentos, y su labor creativa tiene esos mismos orígenes: la percepción a través de la mirada del entorno que nos ha rodeado; el análisis y la abstracción de lo observado; la aplicación de criterios tales como la utilidad, la belleza, la necesidad; una carga de sensibilidad más o menos agudizada y poco más. A partir de ahí, la formación tendrá una fundamentalísima importancia porque a lo visto, lo percibido, lo sentido y lo pensado como si de una visión onírica se tratase habrá que darle forma aplicando los conocimientos técnicos necesarios para materializar la obra, unos conocimientos que se han ido generando con la propia evolución del hombre y, consiguientemente, de la arquitectura.

La arquitectura ha ido cubriendo las necesidades sociales y ha tratado de prever nuevas aspiraciones. Los arquitectos eran unos servidores públicos, y deben seguir siéndolo, resolviendo los problemas de las personas por la vía de la proximidad, aportando sus ideas y su creatividad con la vista puesta en la eficiencia, en la utilidad, en la belleza y también –esta es una cuestión

FOREWORD

It is not audacious to say that our relationship with architecture begins on the day we are born, from the moment we take our first look around us at the very dawn of our existence. From the moment our eyes open we see the beings that constitute our closest family environment all around us. These people will accompany us throughout our lives, yet they are not isolated but located within a physical context: walls, ceiling, floor, space, dimensions, shapes... We learn to name these concepts and we assimilate the notion of house, street, town, city... In short, architecture welcomes us into the world and will never be a stranger: like a family member, it will always be with us.

Whether in the city or the countryside, scenes that we find attractive inevitably contain an element that we can relate to man's efforts through the ages to master nature and make it habitable in line with our needs. The origins of architecture –art, science, technology and all that it entails– are lost in the mists of time, but throughout its evolution one essential and indispensable element has remained constant: creativity.

It was creativity, that inner drive, that genius, that prompted humankind to build their first dwellings, turning their cave spaces into homes as shelter from the inclemency of a hostile natural environment. We continued to evolve, forging a slow and steady pathway towards our contemporary environment. The evolution of the habitat in which humanity has developed, the composition of homes, towns, cities and their facilities and services, has been the result of creative endeavour applied to the evolution of our physical environment.

Of course, the team working with Marcos Sáinz, the founder of Estudio MS, still uphold these characteristics and principals, and his creative work has the same origins: perception borne of gazing at our surroundings; analysis and abstraction from what we have observed; the application of criteria such as utility, beauty and necessity; a heightened responsibility to sensitivity and little else. Beyond these factors, training is of the utmost importance because that which is seen, perceived, felt and thought like a dreamlike vision must be given shape by applying technical expertise in order to bring the work to fruition. These skills have been honed alongside the evolution of humankind and, therefore, of architecture.

Architecture has always sought to meet social needs and to foresee new aspirations. At one time, architects were public servants, and they should still be so, resolving problems for people by way of proximity, contributing their ideas and creativity with an eye to efficiency, utility, beauty and also, fundamentally, by implementing the best solutions at low and not exorbitant costs. Of course, architects also have to leave their mark and personal style on each work; doing otherwise would be illegitimate.

It would be unfair not to mention the importance of landscape architecture in the unity of the whole, because gardens improve the environment; they humanise and dignify landscapes, houses, streets and cities; they make spaces friendly; they

fundamental– en la aplicación de las mejores soluciones a costos contenidos y no desmesurados. Por supuesto, ha de dejar su impronta y su estilo personal en cada obra; no sería legítimo hacerlo de otra manera.

No es justo dejar sin mencionar la importancia de la arquitectura del paisaje en la unidad del conjunto, porque el jardín mejora el entorno, humaniza y dignifica el paisaje, la casa, la calle, la ciudad; hace amables los espacios, dulcifica el ambiente, limpia la atmósfera que respiramos, amortigua los ruidos y pacifica los ánimos.

No debemos olvidar la idea de que en el recorrido que va desde la abstracción inicial hasta la idea final y su realización se entabla un diálogo entre la obra arquitectónica y la cultura, la geografía o el paisaje, el estilo y la forma de vida de quienes la habitarán, y en ese diálogo aparecen influencias producto de una comunicación histórica fluida, enriquecedora y permeable. Se añaden así a las arquitecturas locales rasgos y elementos que proceden de otras ajenas, creando simbiosis innovadoras sobre tradiciones asentadas. Son influencias culturales que van de unas zonas a otras y retornan matizadas en un maravilloso viaje de ida y vuelta con aportaciones estructurales o decorativas fruto del encuentro.

Nada es permanente, todo fluye. El paso del tiempo produce efectos en todo lo existente y la propia ciudad cambia, se transforma, no está al margen de esta inexorable realidad. Crece, se dota de equipamientos y servicios, progresa como todo lo humano. Estas modificaciones, estas mutaciones, son efecto de la arquitectura, que al tiempo que la transforma, modifica también la manera de mirarla, de sentirla y de vivirla.

A partir de ahora serán las imágenes las que expresen el espíritu que guía al Estudio MS en su modo de entender y desarrollar la arquitectura, si bien estas no pueden fijar con suficiente precisión esa importancia esencial antes apuntada que tiene el concepto de familia, de equipo, de grupo, en el desarrollo racional y humano de la arquitectura. Igual que en la familia se transmiten sentimientos, principios y valores de generación en generación, la agrupación en entornos más amplios, en pueblos y ciudades, multiplica esa transmisión y perfecciona esos valores, ideas y sentimientos, generando una conciencia social colectiva. La arquitectura, a través de quienes la desarrollan en la práctica profesional, tiene un deber social básico: mantener y potenciar ese fenómeno social de intercambio facilitando la convivencia, el diálogo y la comprensión.

Para ello hay que tomar conciencia de que tras las fachadas desarrollan su vida seres humanos, en muchos casos como unidades familiares, y que, por lo tanto, en las edificaciones hay que generar espacios para la convivencia y el diálogo. No obstante, a partir de esa unidad familiar, de puertas para afuera, la vida fluye, la convivencia se tiene que extender y el intercambio de ideas y valores ha de producirse para generar sociedades más justas y solidarias, potenciando así la constante y permanente misión perfeccionadora del mundo que debe acometer cada ser humano para facilitar este flujo vital. Confiamos en que ese es el camino por el que hay que encauzar nuestro trabajo.

MS. Otoño 2012

sweeten the atmosphere; they clean the air we breathe; they absorb noise and they soothe our spirits.

We must not forget that on the path that stretches from initial abstraction to final idea and its realisation, a dialogue is established between architecture and culture, geography or landscape, as well as the style and way of life of those who will dwell there. Influences appear in that dialogue as a product of smooth, rich and permeable historical communication. And so features and elements that come from elsewhere are added to local architecture, creating innovative symbioses with established traditions. These cultural influences ramble from one area to another and then go back, nuanced, on a wonderful return journey with structural or decorative additions as mementos of the adventure.

Nothing is permanent; everything flows. The passage of time leaves effects on all existence, and the city itself changes and transforms, never remaining on the sidelines of this inexorable reality. It grows; it provides facilities and services, progressing like everything human. These changes, these mutations, are an effect of architecture, which transforms whilst also changing how we look at it, feel it and live with it.

From now on, these will be the images that express the spirit that guides the Estudio MS team in the way they understand and develop architecture. However, they are not sufficiently precise to pin down the essential importance of the concepts of family, team, group and the rational and human development of architecture. Just as within a family, feelings, principles and values are transmitted from generation to generation. In towns and cities, this transmission is multiplied and those values, ideas and feelings are perfected. This creates a collective social consciousness; architecture, through developing professional practice, has a basic social duty to maintain and enhance the social phenomenon of exchange, facilitating coexistence, dialogue and understanding.

To this end we must realise that there are human lives, often in the form of family units, behind the facades, so buildings must create spaces for interaction and dialogue. However, from that family unit, life flows outwards, coexistence must spread and the exchange of ideas and values must occur to create more just and equitable societies. This enhances the constant and permanent mission that every human being must undertake to perfect the world, to ease the flow of life. We trust that this is the pathway in which we must channel our work.

MS. Autumn 2012

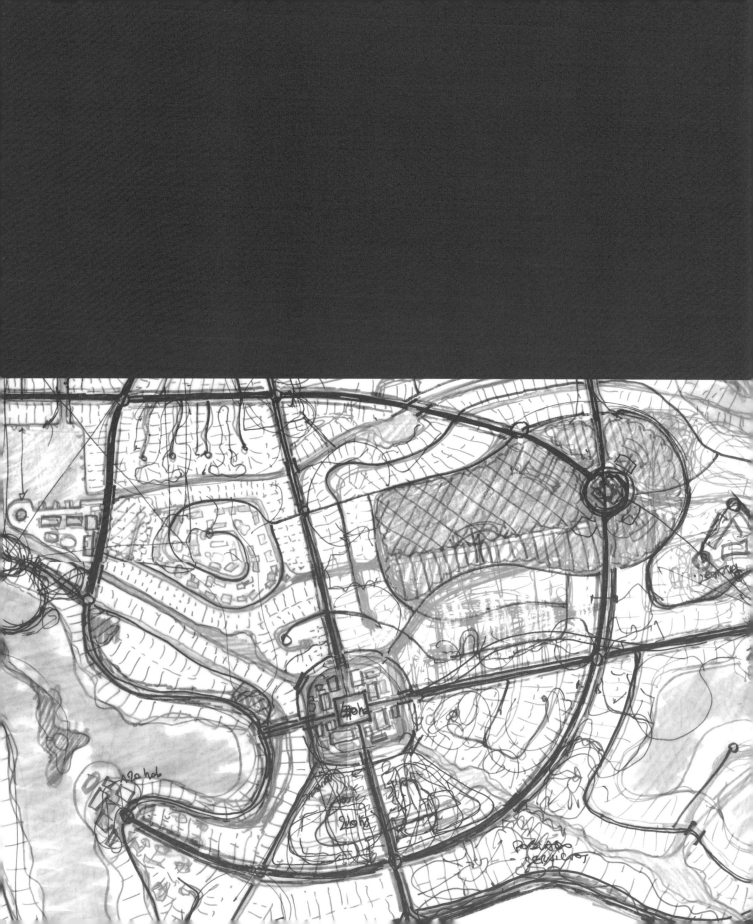

URBANISMO
URBAN PLANNING

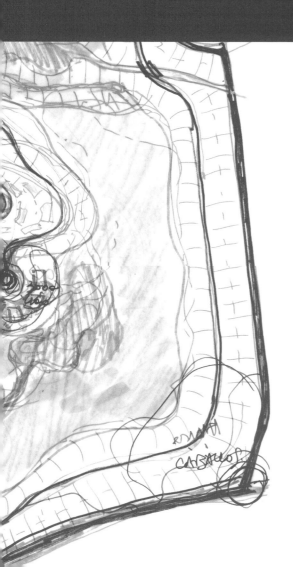

«COHERENCIA, JERARQUÍA, ESENCIA: CONDICIONES FUNDAMENTALES EN EL URBANISMO»

En urbanismo es prioritaria la comprensión del entorno en que se actúa, de la luz, del color, de la topografía y de su arbolado, de la orientación al sol, de los materiales y de los sistemas de ingeniería más adecuados, y, sobre todo, el entendimiento del espíritu de las personas que serán destinatarias de cada obra. La planificación urbana ordena y organiza el territorio, aporta soluciones técnicas para hacer viable el uso de los espacios resultantes, y se complementa y retroalimenta con la arquitectura, que se plantea desde el mismo enunciado del proyecto de urbanismo.

Los lazos que unen a ambos son indisolubles, pues el urbanismo plantea y establece las bases que habrán de aplicarse en políticas urbanas de equipamiento, de infraestructuras y transporte, o de medio ambiente y protección de la naturaleza, así como en una arquitectura ubicada en el medio ideal que permita el mejor desarrollo del que la habita.

Una correcta interpretación de todos los condicionantes nos llevará al éxito del pensamiento inicial, de la idea embrionaria que se irá transformando en proyecto. Es, sin lugar a dudas, un factor determinante y fundamental para que aquella planificación original sea válida y duradera, para que aquel conjunto de principios y reglas que ordenan la agrupación de la edificación sirvan para fomentar el desarrollo social y favorecer y fortalecer el bienestar individual y colectivo como fines últimos.

En el campo del urbanismo MS posee una vasta experiencia, de modo muy particular en desarrollos dirigidos al campo recreativo y de ocio, tanto vacacional como de segunda vivienda, donde intervienen variantes que aportan las características de identidad, uso, estética, mantenimiento y proyección en el tiempo, pues existen grandes diferencias con los desarrollos puramente urbanos. El convencimiento firme de que la calidad de vida del medio rural es un valor indiscutible nos lleva a apostar por la recreación de la vida tradicional de pueblo y unos servicios urbanos de calidad. Es un reto constante que nos llena de satisfacción cuando, mirando atrás, comprobamos que hemos conseguido alcanzar este objetivo con todos nuestros proyectos, siempre adaptados al medio donde se implantantan, promoviendo la convivencia social, pero sin renunciar a las más altas cotas de confort que la tecnología más avanzada pone en nuestras manos.

Toda la filosofía del urbanismo a desarrollar gira en torno al objetivo fundamental de conseguir pequeñas comunidades correctamente estructuradas en las que todos los servicios básicos estén al alcance para lograr el máximo nivel de autosuficiencia. Por ello, optamos por definir y configurar pequeñas ciudades que permiten que todos los servicios se encuentren a distancia peatonal y que sean susceptibles de ser gestionadas del modo más sencillo posible, huyendo de complicaciones innecesarias. En algunos casos, y dependiendo de la dimensión de la urbanización, se establecen conjuntos habitacionales para residentes permanentes y trabajadores al servicio de la propia urbanización. Todo esto será un éxito si se consigue el máximo de autosuficiencia y sostenibilidad en la gestión de todos los elementos y una correcta implantación y adecuación al entorno.

In urban planning, the priority is to understand the environment in which we operate, its light, colour, topography and trees, the orientation of the sunlight, the most suitable materials and engineering systems, and above all to understand the spirit of the people who are to receive each project. Urban planning orders and organises the land, providing technical solutions to enable the efficient use of space. It complements and supports the architecture that arises from the very wording of the planning project.

Urban planning and architecture are inextricably linked: urban planning raises and sets the baselines that must be applied to urban policies as well as infrastructure and transport and protection of the environment. Ultimately, architecture in the ideal setting allows for optimal development.

The correct interpretation of all constraints will lead to the success of the initial thought, of the embryonic idea that will grow towards the final project. This is undoubtedly a decisive factor in ensuring that the original plan is valid and lasting, and that the set of principles and rules that governs the layout of the building serves to promote social development and to achieve the ultimate goals of encouraging and strengthening individual and collective wellbeing.

MS has extensive experience in the field of urban planning, especially in developments aimed at recreation and leisure, as well as holiday and second homes. These involve variants that provide hallmarks, use, aesthetics, maintenance and trajectory through time; there are major differences between these and purely urban developments. The firm belief that the quality of rural life is an indisputable value leads us to recreate traditional village life on a neighbourhood scale, combined with a good environment and quality urban services. It is a constant challenge that fills us with delight when we look back and see that we have achieved this goal with all our projects, which are all adapted to the environment in which they are built, promoting social cohesion but without giving up the highest levels of comfort made possible by our use of the latest technology.

The whole philosophy of urban planning development revolves around the key objective of building well-structured small communities where all the basic services are affordable in order to achieve the highest level of self-sufficiency. Therefore, we chose to define and shape small developments with all the services within walking distance. These can be managed in the simplest way possible, avoiding unnecessary complications. In some cases, depending on the size of the urban housing projects, there are residential estates for permanent residents and service personnel for the estate itself.

All this will be successful if it achieves maximum self-sufficiency and sustainability in the management of all the elements as well as proper establishment and adaptation to the environment.

"CONSISTENCY, HIERARCHY, ESSENCE: FUNDAMENTAL CONDITIONS OF URBAN PLANNING"

#01 **URB-PB**

Puerto Banús
Marbella. Málaga. ES
Descripción: proyecto + construcción
de un puerto deportivo + edificación de
locales comerciales + 1.000 viviendas
Año: 1970

Puerto Banús
Marbella. Málaga. ES
Description: planning + construction
of marina + building of retail premises
+ 1,000 homes
Year: 1970

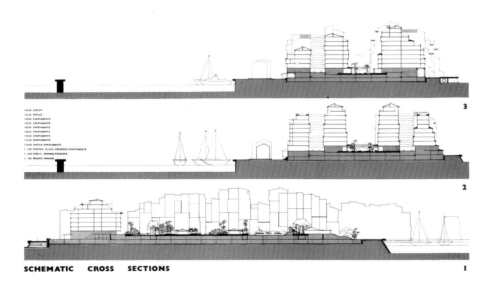

SCHEMATIC CROSS SECTIONS

La fase inicial de este encargo establece las bases de conceptualización y documentación a nivel de plan maestro para la implementación de un desarrollo turístico congruente con las condiciones del lugar, con el objetivo de ser altamente rentable y de convertirse en un destino internacional de primer orden.

The initial phase of this assignment was to conceptualise and devise a master plan for a tourist development that would fit into the area. The main objective was that it should be highly beneficial, becoming a top destination internationally.

Como desarrollo arquitectónico, se buscó dotarlo de un atractivo singular sin dejar de mirar a los elementos arquitectónicos de la región, potenciando así su singularidad al oponerse al desarrollismo pretencioso de la época, aportando innovación en el uso de los espacios y manteniendo el espíritu de las arquitecturas locales.

As an architectural development, the goal was to endow it with unique appeal while echoing the architectural elements of the region, enhancing its uniqueness by opposing the pretentious developments of the time, whilst driving innovation in the use of space and keeping with the spirit of local architectural styles.

«La experiencia vital y cotidiana conforma el espíritu creador del arquitecto. Es fundamental comprender los motivos de estas sensaciones como experiencia para el desarrollo de futuras actuaciones.»

"Seminal and life experiences shape the architect's creative spirit. It is essential to understand the reasons behind these feelings as experience for the development of future performance."

El amplio recorrido en el tiempo de este desarrollo urbanístico ha permitido la reflexión permanente de las soluciones adoptadas a partir de la experiencia cotidiana. Así, se han elaborado nuevos anteproyectos fruto de este análisis, lo que ha permitido una correcta adecuación a las necesidades de los usuarios.

Se ha mantenido una línea de actuación desde la apariencia plástica con elementos que dan coherencia al conjunto, y se han reelaborado aquellos aspectos de uso de los espacios que correspondieron en el momento del desarrollo.

El éxito de esta formula está demostrado, ya que ahora, en su etapa de madurez, este proyecto sigue siendo un referente a nivel mundial.

The long corridor of time occupied by this urban development has fostered a continuous reflection on the solutions adopted based on everyday experience, and new drafts of the blueprint were developed as a result of this analysis, allowing continuous modifications to suit the users' needs.

A course of action was determined from the aesthetic elements that give coherence to the whole and aspects of the utilization of spaces were reworked at the time of development.

The success of this formula is proven by the fact that now, in its mature stage, this project continues to serve as a worldwide architectural benchmark.

Desarrollo del proyecto: 1969-1985
Equipo redactor: Noldi Schreck, Arnoldo Ochoa, Marcos Sáinz
Colaboración especial: Guillermo García Pascual + equipo técnico de Bansa

Project development: 1969-1985
Drafting team: Noldi Schreck, Arnoldo Ochoa, Marcos Sáinz
Contributions from: Guillermo García Pascual + the Bansa technical team

#02URB-RDLQ

El Real de La Quinta
La Quinta. Benahavís. Málaga. ES
Descripción: desarrollo de
2.000 viviendas + hotel + casa club
Sup. parcela: 2.024 m²
Sup. total const.: 243.000 m²

El Real de La Quinta
La Quinta. Benahavís. Málaga. ES
Description: development of 2,000
dwellings + hotel + clubhouse
Plot size: 2,024 m²
Total built area: 243,000 m²

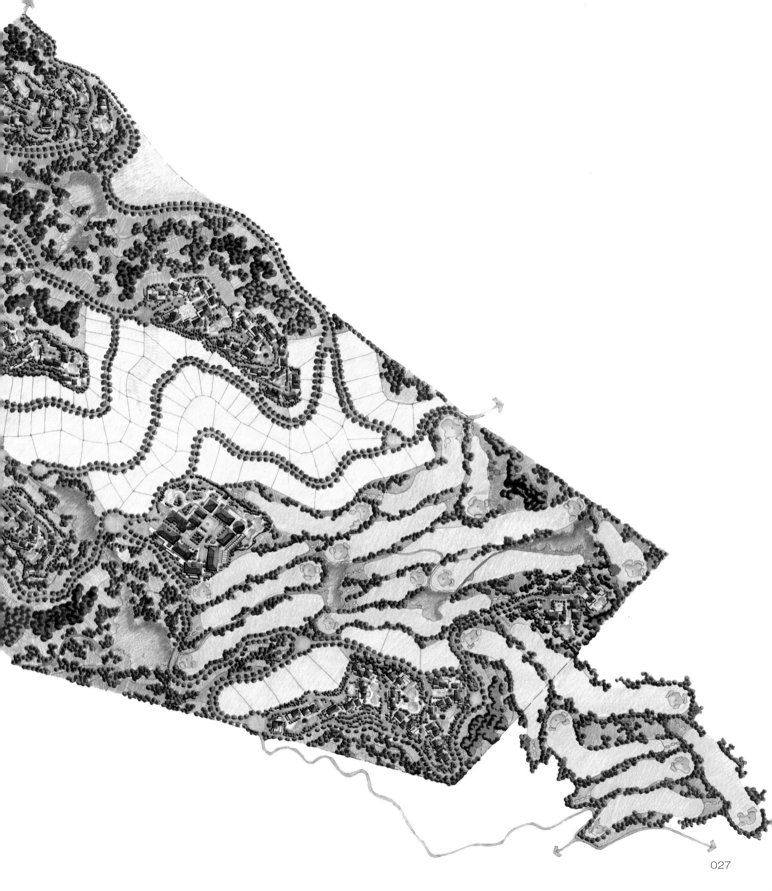

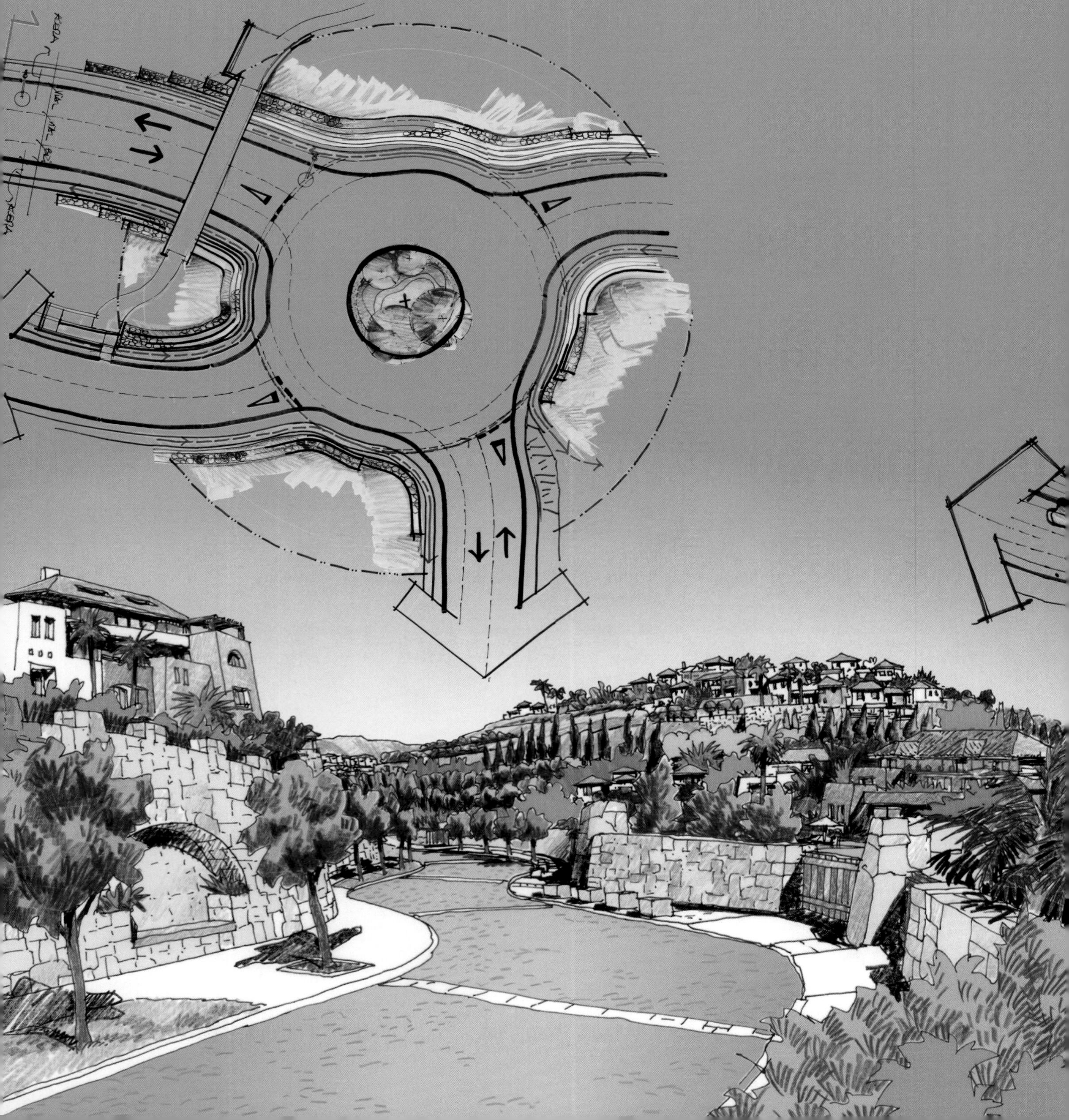

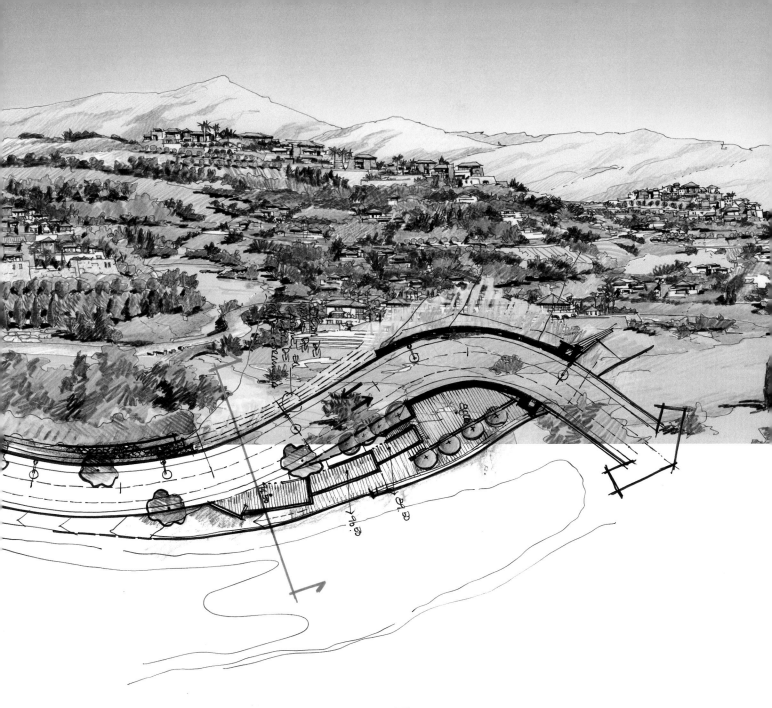

Este plan maestro es la continuación de un desarrollo ya consolidado por el grupo La Quinta. Se actúa sobre una superficie de 2.300.000 m² en el término municipal de Benahavís, colindante con el de Marbella. Se plantea un desarrollo inmobiliario de gran calidad con el propio campo de golf como punto de unión entre desarrollo existente y el nuevo, creando una de las mayores instalaciones de golf de Andalucía.

This master plan is the continuation of a development already consolidated by La Quinta group. It is being developed in a plot measuring 2,300,000 m² in the municipality of Benahavís, next to Marbella. This is a high quality real estate development that is joined to the existing development by means of the golf course itself, creating one of the largest golf facilities in Andalusia.

El uso, mayoritariamente residencial, se plantea en las lomas altas y en núcleos rodeados por el campo de golf, fomentando las vistas y respetando la orografía natural. El desarrollo se diseñó en siete lomas principales, donde se ubican las áreas residenciales, y una zona central, donde se agrupa el núcleo de equipamientos y servicios. Se plantea un número aproximado de 1.400 viviendas repartidas en las distintas lomas y desarrolladas en diferentes fases.

El núcleo de equipamientos está formado por comercios, oficinas, un hotel, un club de golf, piscinas, una zona deportiva y comercial y el propio campo de golf. Los distintos núcleos de viviendas se proyectan sobre las colinas existentes dejando grandes espacios de bosques entre ellas con el fin de minimizar la afectación de la topografía natural y de integrar la edificación en el paisaje. Cada conjunto se desarrolla como un pequeño poblado mediterráneo en donde se mezcla la arquitectura tradicional de la zona con elementos de la arquitectura contemporánea.

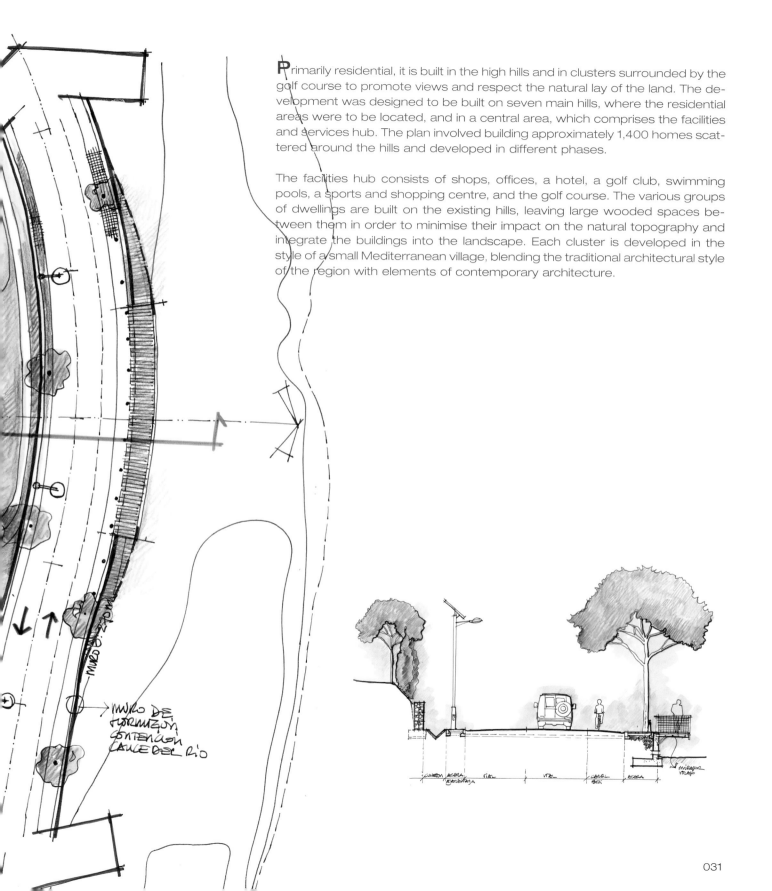

Primarily residential, it is built in the high hills and in clusters surrounded by the golf course to promote views and respect the natural lay of the land. The development was designed to be built on seven main hills, where the residential areas were to be located, and in a central area, which comprises the facilities and services hub. The plan involved building approximately 1,400 homes scattered around the hills and developed in different phases.

The facilities hub consists of shops, offices, a hotel, a golf club, swimming pools, a sports and shopping centre, and the golf course. The various groups of dwellings are built on the existing hills, leaving large wooded spaces between them in order to minimise their impact on the natural topography and integrate the buildings into the landscape. Each cluster is developed in the style of a small Mediterranean village, blending the traditional architectural style of the region with elements of contemporary architecture.

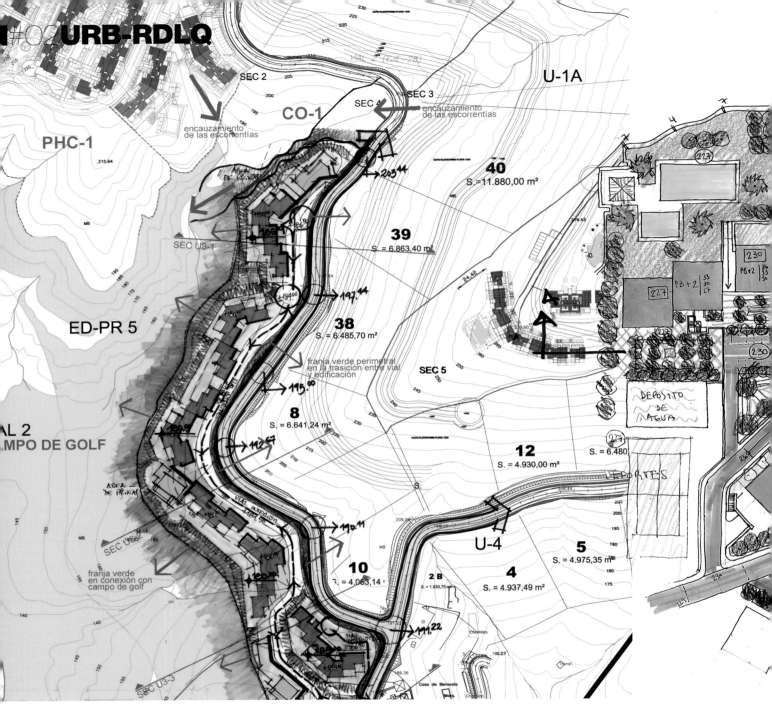

«Preservar los vínculos con la cultura de origen y sus influencias más consolidadas»

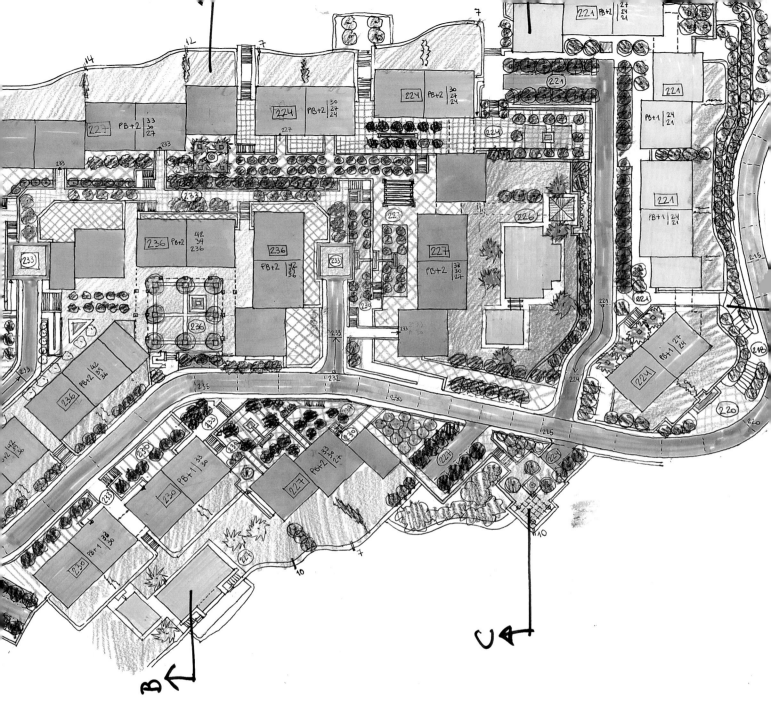

"Preserving links with home culture
and its strongest influences"

Aracena Golf

Aracena. Huelva. ES

Descripción: complejo turístico con
viviendas unifamiliares + apartamentos
+ hoteles + club de golf + club hípico
+ zonas comerciales

Sup. parcela: 3.494.932 m²

Sup. total const.: 338.150 m²

Aracena Golf

Aracena. Huelva. ES

Description: resort with houses
+ apartments + hotels + golf club
+ riding club + commercial areas

Plot size: 3,494,932 m²

Total built area: 338,150 m²

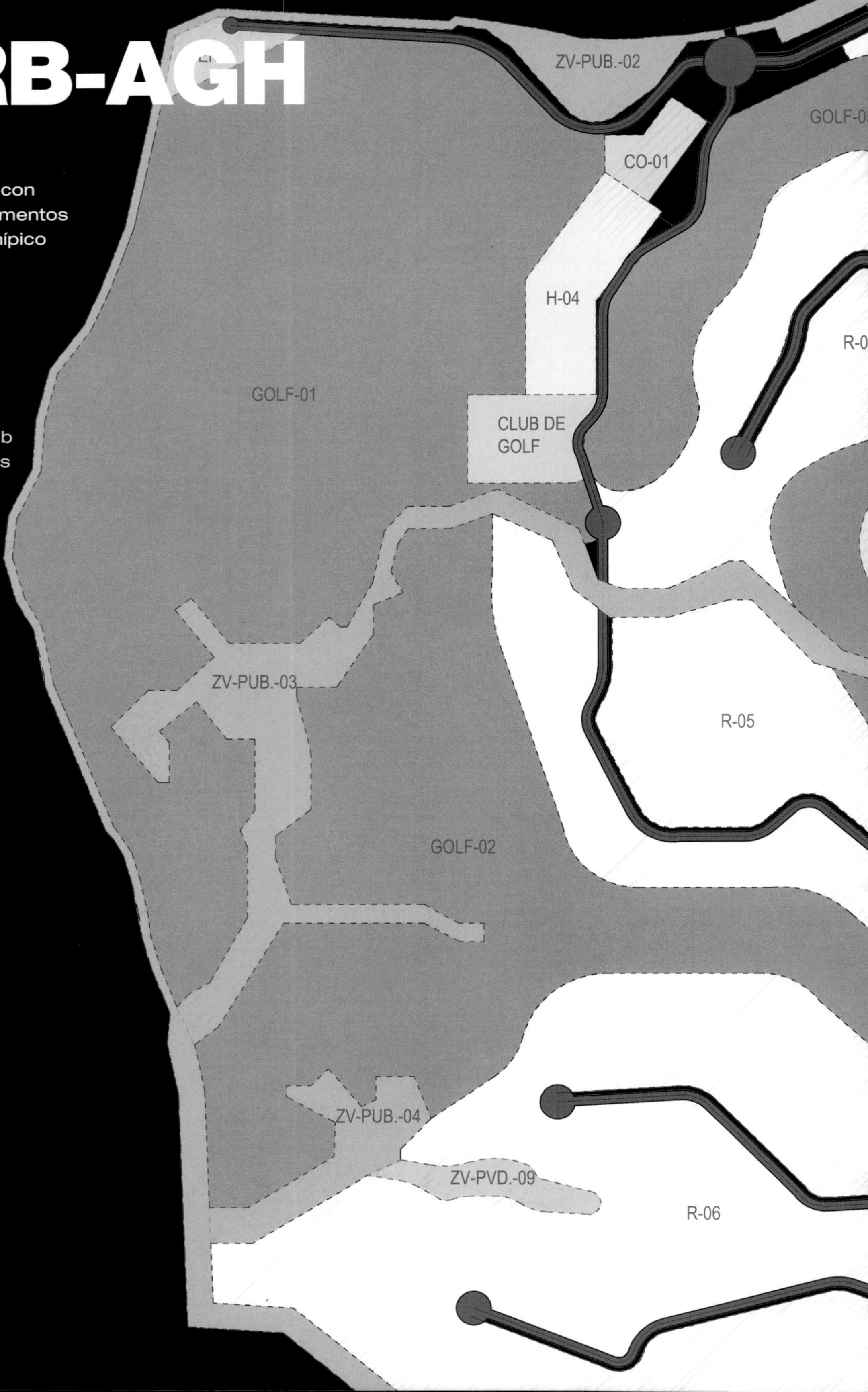

ZV-PUB.-02

GOLF-0

CO-01

H-04

GOLF-01

R-0

CLUB DE
GOLF

ZV-PUB.-03

R-05

GOLF-02

ZV-PUB.-04

ZV-PVD.-09

R-06

Este proyecto turístico que se ha llevado a cabo sobre una superficie de 350 hectáreas en el monte San Miguel, en Aracena, comprende fundamentalmente la creación de un complejo residencial y hotelero unido a un campo de golf y un club hípico. El plan maestro se ejecutó siguiendo unos criterios de sostenibilidad y respeto por las zonas protegidas.

Se planteó la incorporación de tecnología en todo lo referente a métodos y materiales de construcción, incidiendo especialmente en la gestión de recursos naturales con la reutilización de aguas depuradas, pluviales y de riego. También se plantea la supervisión de todos los parámetros agronómicos con el fin de controlar y no afectar el subsuelo ni el equilibrio natural del entorno. Como aspecto también fundamental se creó un libro de estilo mediante el cual se cuida la unidad y el orden de todos los aspectos arquitectónicos para lograr una integración de imagen y estilo de todo el conjunto para y con su entorno.

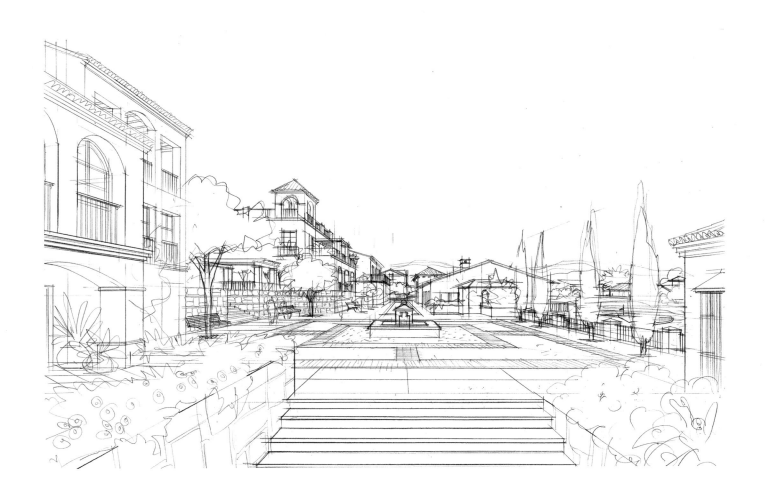

This resort was developed over an area measuring 350 hectares in Mount San Miguel, in Aracena, and it essentially entailed the creation of a residential and hotel complex attached to a golf course and an equestrian club. The master plan was implemented following sustainability criteria and with respect for protected areas.

The use of technology has been integrated into all the construction methods and materials, with special emphasis on the management of natural resources with the reuse of treated wastewater, rainwater and irrigation water. All agronomic parameters were also monitored in order to ensure that the subsoil and the natural balance of the environment were not affected. Equally important was the development of a style book with which to nurture the unity and order of all the architectural elements in order to achieve the integration of the image and style of the complex with its surroundings.

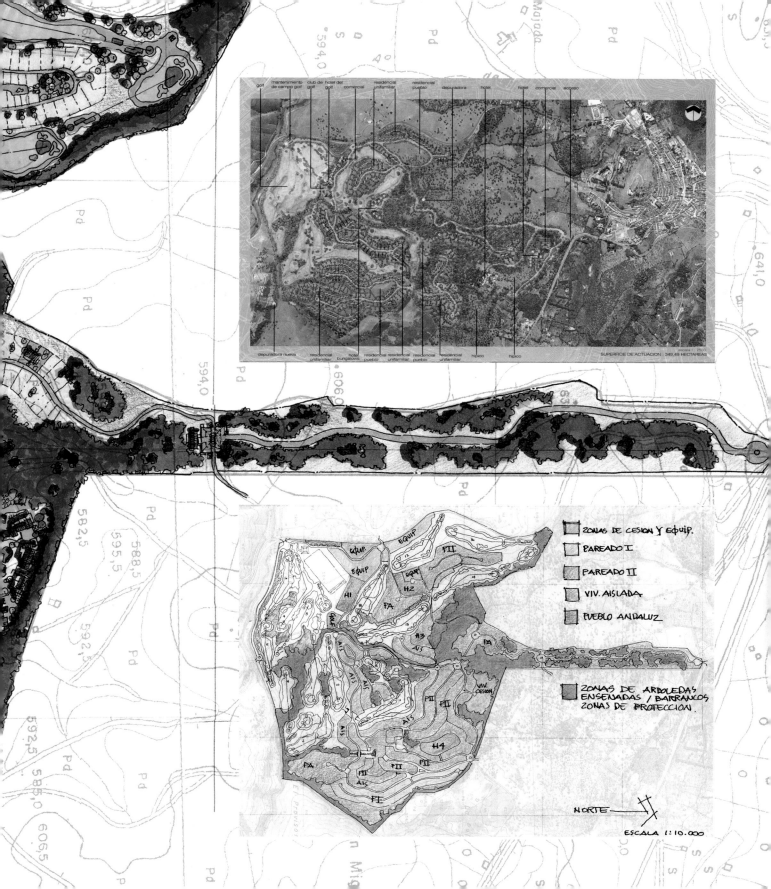

golf · mantenimiento · club de · hotel del · comercial · residencial · residencial · depuradora · hotel · hotel · comercial · acceso
de campo golf · golf · golf · unifamiliar · pueblo

depuradora nueva · residencial · hotel · residencial · residencial · residencial · residencial · hipico · hipico
unifamiliar · bungalows · pueblo · unifamiliar · pueblo · unifamiliar

SUPERFICIE DE ACTUACION : 349,49 HECTAREAS

ZONAS DE CESION Y EQUIP.

PAREADO I

PAREADO II

VIV. AISLADA

PUEBLO ANDALUZ

ZONAS DE ARBOLEDAS
ENSENADAS / BARRANCOS
ZONAS DE PROTECCION.

NORTE

ESCALA 1:10.000

#04**URB-CDCA**

Colinas de Campoamor
Orihuela. Alicante. ES
Descripción: plan maestro de *golf resort*
+ proyectos de viviendas unifamiliares y
plurifamiliares + apartamentos
Sup. actuación: 197.500 m²
Año: 2008

Colinas de Campoamor
Orihuela. Alicante. ES
Description: master plan for golf resort
+ single-family and multi-family housing
complexes + apartments
Total built area: 197.500 m²
Year: 2008

#04 **URB-CDCA**

En este proyecto de desarrollo turístico en torno a un campo de golf, se participó diseñando y llevando a cabo los proyectos de las viviendas individuales, las viviendas pareadas y los apartamentos que forman parte del conjunto de lo que ahora es Las Colinas Golf & Country Club.

Se proyectaron dos tipos de viviendas individuales y de viviendas pareadas, las cuales se emplazan en las manzanas respetando los desniveles y el entorno, minimizando el impacto visual y logrando una adecuada interrelación entre la arquitectura y la naturaleza.

Los apartamentos fueron concebidos siguiendo la misma línea arquitectónica que las viviendas unifamiliares, lo que contribuye a la unidad visual del conjunto. El desarrollo de los bloques se ha creado con mucho movimiento de volumetrías tanto en las fachadas como en las alturas, potenciando un aspecto armónico de correctas proporciones.

Our participation in this project for a tourist development around a golf course involved designing and implementing plans for detached and semi-detached houses and apartments that are part of what is now Las Colinas Golf & Country Club.

Two types of detached houses and two types of semi-detached houses were planned, which were built in blocks respecting the environment and the unevenness of the land, minimizing visual impact and ensuring a sound relationship between architecture and nature.

The apartments were designed following the same architectural style as the houses, contributing to the visual unity of the complex. The blocks were created with a great deal of movement in both the facade elevations and the heights, yielding a harmonious look with pleasing proportions.

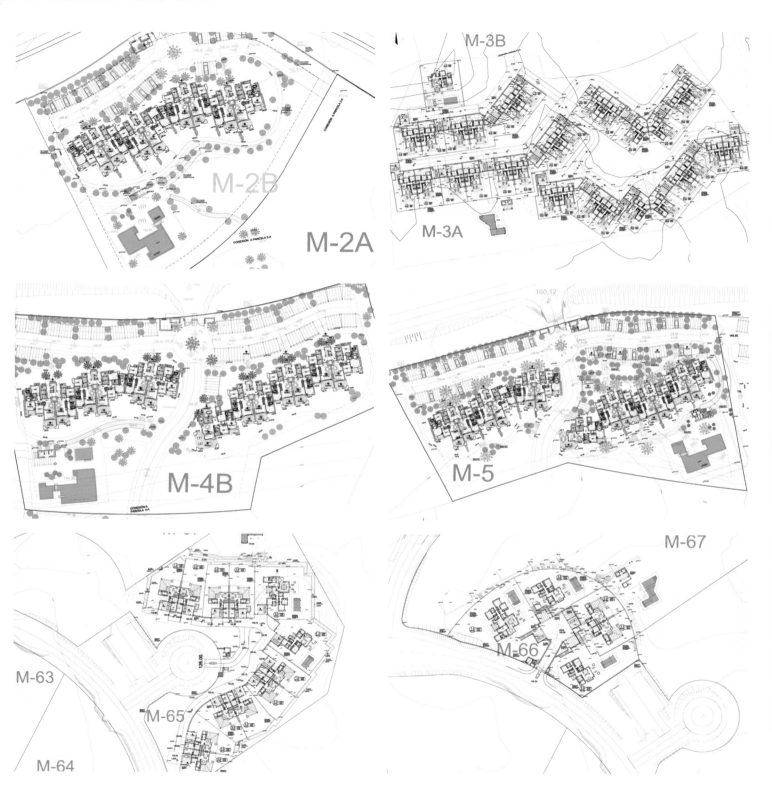

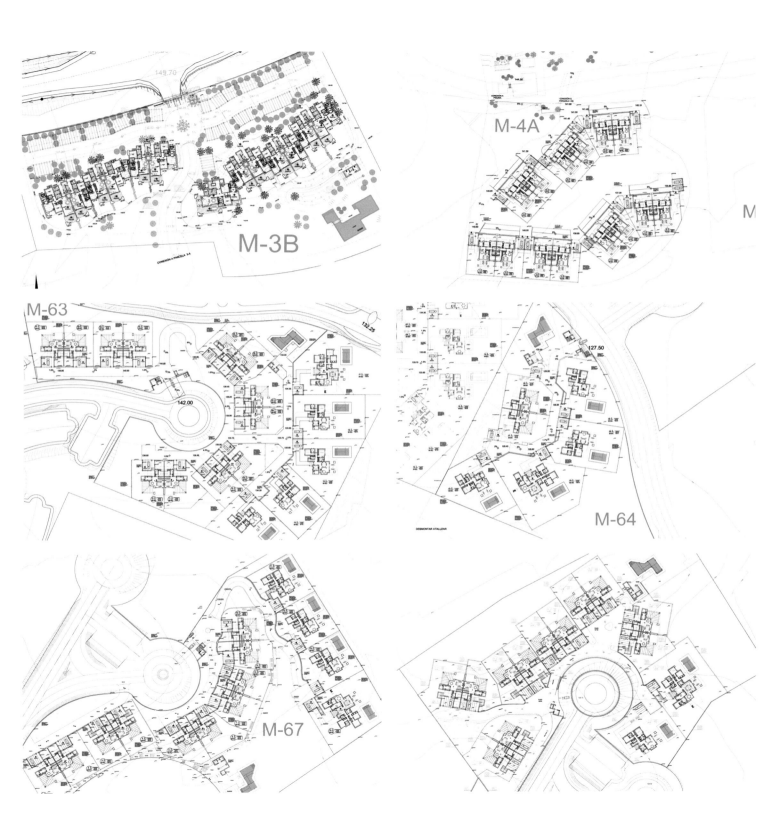

M-3B

M-4A

M

M-63

M-64

127.50

142.00

M-67

«En el recorrido de lo abstracto hasta la idea final y su realización, se establece una relación íntima entre la obra arquitectónica y la cultura, el paisaje, el estilo y la vida de quienes la habitan.»

"In the journey from the abstract notion to the final idea and its realization, an intimate relationship is forged between the architectural project and the culture, landscape, style and lives of those who inhabit it."

#05**URB-QDGB**

Quinta Dos Ganchos
Governador Celso Ramos.
Santa Catarina. BR
Descripción: plan maestro con pueblos centrales y pueblo marinero + marina + puerto deportivo + 4 campos de golf con casas club + hoteles + colegios + hospitales + zonas residenciales con apartamentos y viviendas unifamiliares pareadas y exentas + zonas deportivas + viales + aparcamientos públicos + zonas verdes públicas y privadas + cesiones oficiales
Sup. parcela: 1.200 hectáreas

Quinta Dos Ganchos
Governador Celso Ramos.
Santa Catarina. BR
Description: master plan with central villages and seaside village + marina + sports marina + 4 golf courses with clubhouses + hotels + schools + hospitals + residential areas with apartments, detached and semi-detached single family houses + sports facilities + roads + public car parks + public and private gardens + government facilities
Plot size: 1,200 hectares

Este plan maestro desarrollado en el municipio de Governador Celso Ramos, en el estado brasileño de Santa Catarina, comprende un área de desarrollo de aproximadamente 12 millones de metros cuadrados.

This masterplan was developed in the municipality of Governador Celso Ramos, in the Brazilian state of Santa Catarina. The project covers approximately 12 million square metres.

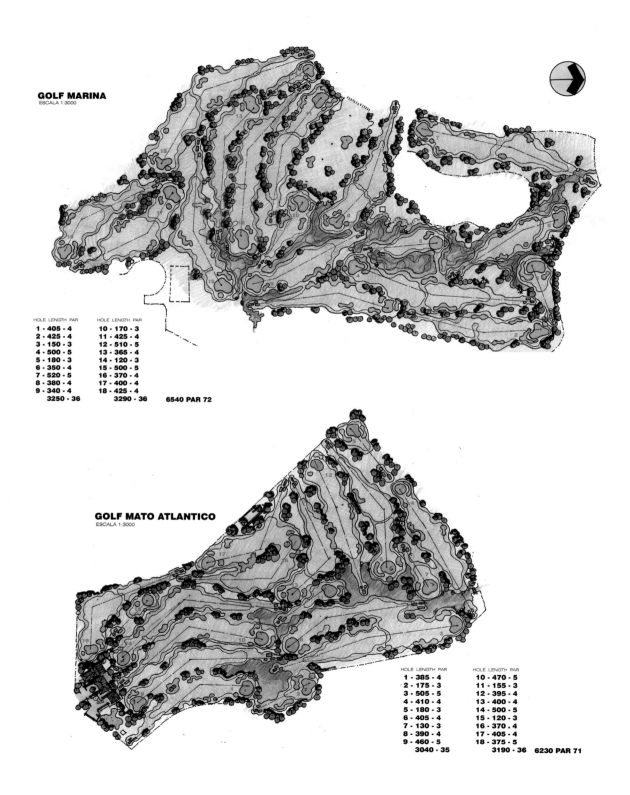

GOLF MARINA
ESCALA 1:3000

HOLE	LENGTH	PAR		HOLE	LENGTH	PAR
1	405	4		10	170	3
2	425	4		11	425	4
3	150	3		12	510	5
4	500	5		13	365	4
5	180	3		14	120	3
6	350	4		15	500	5
7	520	5		16	370	4
8	380	4		17	400	4
9	340	4		18	425	4
	3250	36			3290	36

6540 PAR 72

GOLF MATO ATLANTICO
ESCALA 1:3000

HOLE	LENGTH	PAR		HOLE	LENGTH	PAR
1	385	4		10	470	5
2	175	3		11	155	3
3	505	5		12	395	4
4	410	4		13	400	4
5	180	3		14	500	5
6	405	4		15	120	3
7	130	3		16	370	4
8	390	4		17	405	4
9	460	5		18	375	5
	3040	35			3190	36

6230 PAR 71

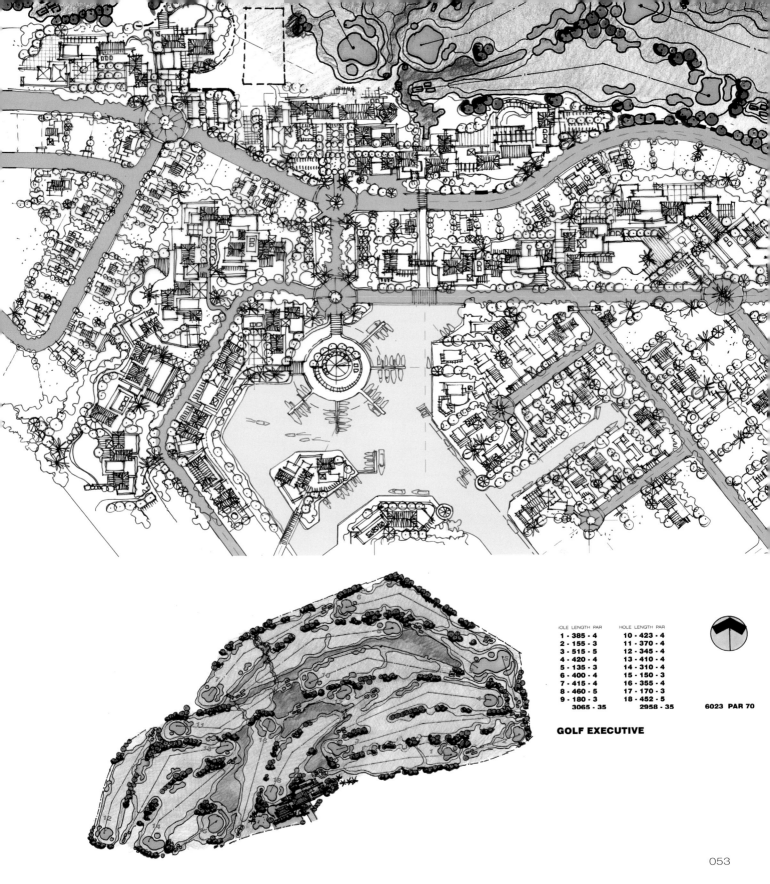

HOLE	LENGTH	PAR		HOLE	LENGTH	PAR
1	385	4		10	423	4
2	155	3		11	370	4
3	515	5		12	345	4
4	420	4		13	410	4
5	135	3		14	310	4
6	400	4		15	150	3
7	415	4		16	355	4
8	460	5		17	170	3
9	180	3		18	452	5
	3065	35			2958	35	6023 PAR 70

GOLF EXECUTIVE

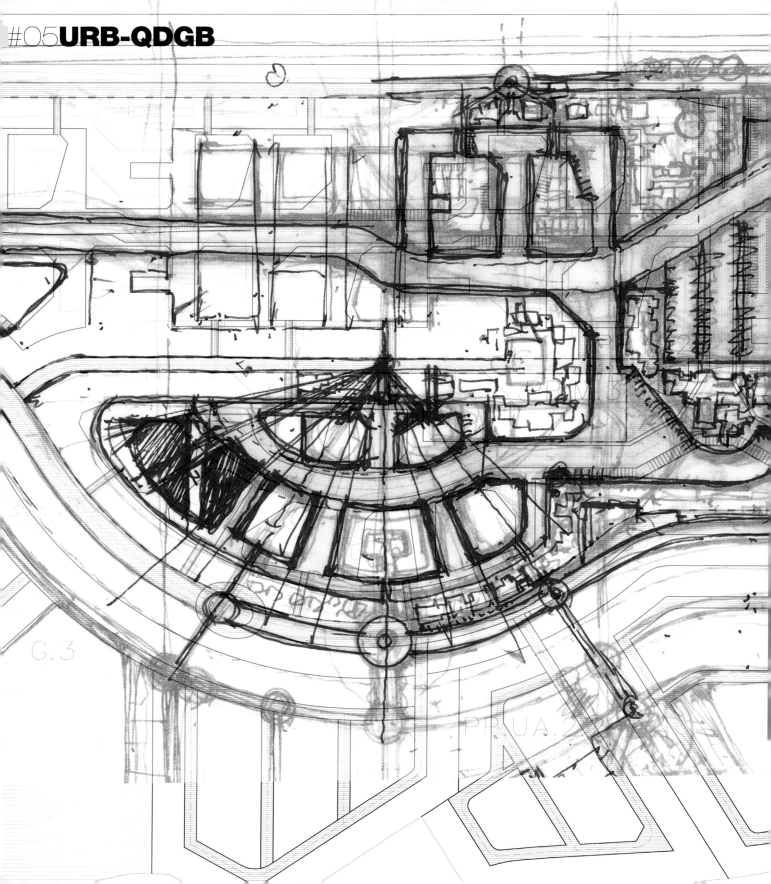

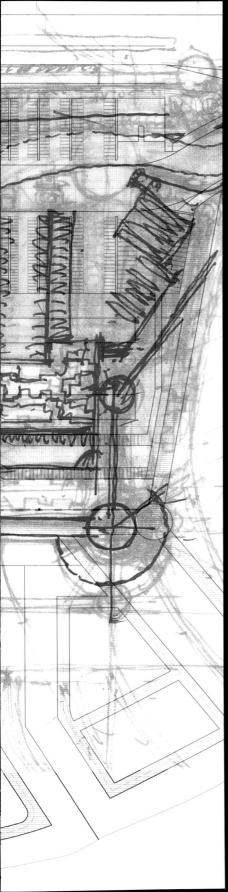

El concepto de Quinta Dos Ganchos se concentra en el desarrollo de una forma de turismo nueva y más activa, que ofrezca productos que contribuyan a la diversificación, introduciendo una libertad frente a la restricción de las distintas temporadas, y, sobre todo, al asentamiento de una población estable. Salud, deporte, ocio, turismo, cultura y negocios son la base para el desarrollo de esta futura urbanización.

Se han proyectado campos de golf, puertos deportivos y marinas, un club hípico, un racquet club, gimnasios multideportivos con spa, espacios socioculturales, un centro de exposiciones y congresos, hoteles, centros comerciales, escuelas, centros de salud y zonas residenciales. Todo esto asegurará una cadena de producción que mantendrá el desarrollo siempre vivo. El plan maestro ha sido realizado con un gran compromiso medioambiental y ético, fomentando el crecimiento de valores y responsabilidades con el entorno de actuación.

En este proyecto se ha actuado sobre una superficie de 12.640.727 m². Se ha mantenido una superficie medioambiental de protección permanente de 1.061.248 m² y se han destinado 2.101.317 m² a zonas verdes, 798.307 m² a láminas de agua, 1.460.344 m² al sistema viario, 691.714 m² a grandes equipamientos y servicios, 4.739.370 m² a residencias unifamiliares y 1.788.427 m² a residencias plurifamiliares.

The central concept of Quinta Dos Ganchos focuses on developing a new, more active form of tourism, offering products that contribute to diversification by introducing freedom from restrictions of different seasons and, above all, to the establishment of a stable population. Health, sport, leisure, tourism, culture and business are the core focus in the realization of this future development.

Golf courses, marinas and sports marinas, an equestrian club, a racquet club and multisport gym with spa were designed, along with cultural spaces, an exhibition and convention centre, hotels, shopping centres, schools, health centres and residential areas. Together they will ensure a production chain that will sustain the development perpetually. The master plan was drafted with a serious commitment to the environment and ethics, encouraging the growth of values and responsibilities within the operating environment.

This design covers an area measuring 12,640,727 m². A permanently protected environmental area of 1,061,248 m² was set aside, and 2,101,317 m² was allocated for green spaces, 798,307 m² for water slides, 1,460,344 m² for the road system, 691,714 m² for large facilities and services; 4,739,370 m² for single-family residences and 1,788,427 m² for housing complexes.

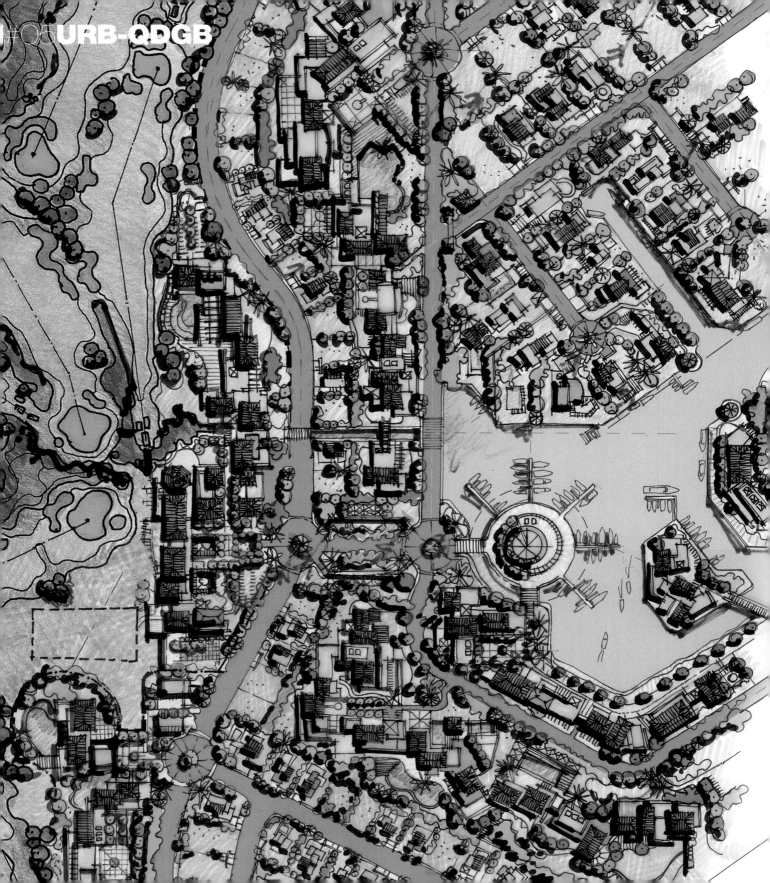

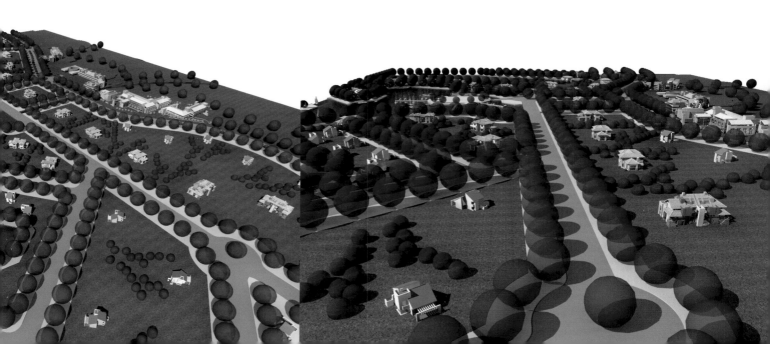

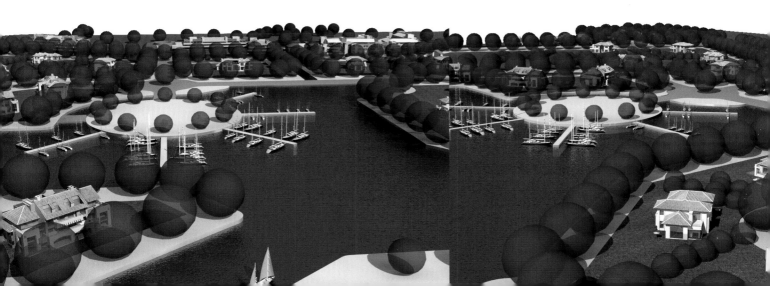

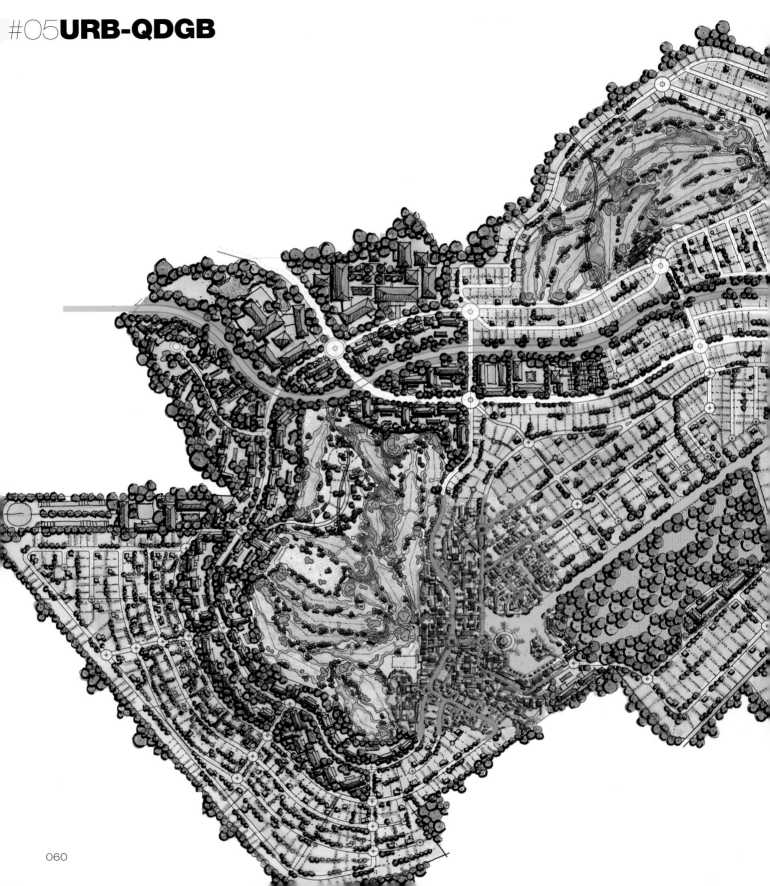

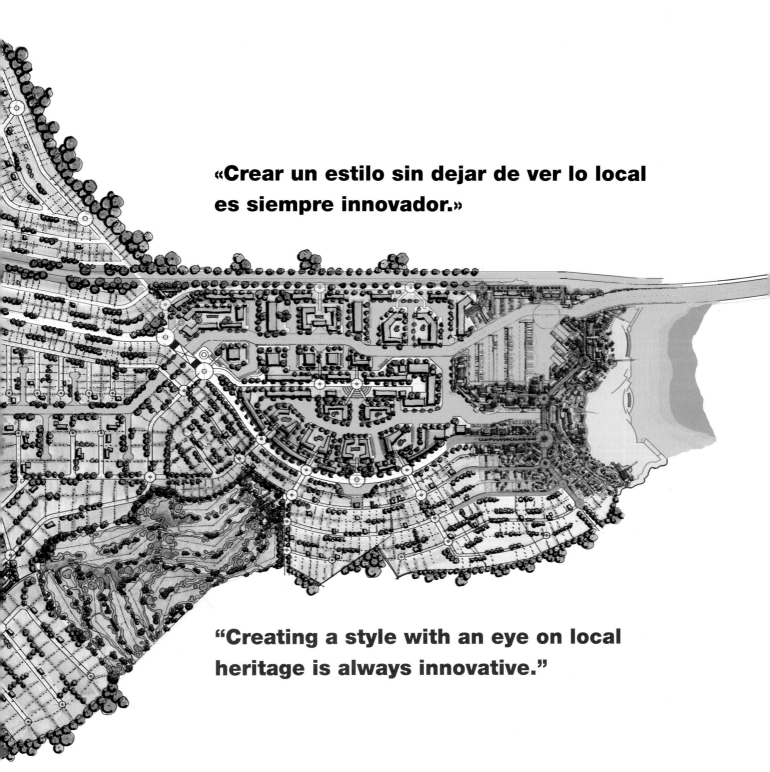

«Crear un estilo sin dejar de ver lo local es siempre innovador.»

"Creating a style with an eye on local heritage is always innovative."

Proyecto en colaboración con PLURAL BRASIL
Project in collaboration with PLURAL BRASIL

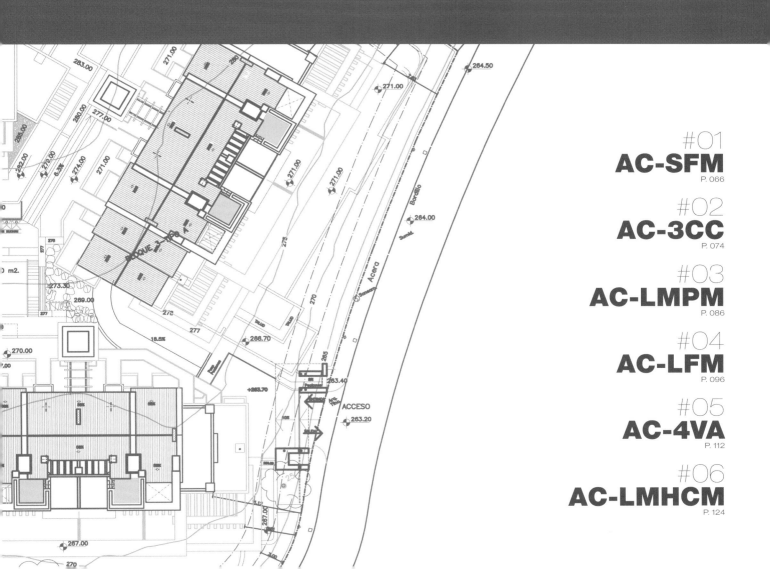

ARQUITECTURA COLECTIVA
COLLECTIVE ARCHITECTURE

«EL SER HUMANO COMO DESTINATARIO DE LA OBRA»

MS se ha regido desde el principio por la prioridad en la comprensión del objetivo, del entorno en el que se actúa y del espíritu y las necesidades del destinatario de su trabajo.

En todo este tiempo la actividad del Estudio MS se ha ido extendiendo por el mundo de tal manera que, rebasando fronteras, se han desarrollado proyectos en México (Acapulco y Cancún), Irak, Suiza, Egipto, Brasil, etc. siempre bajo la misma filosofía, siempre con la misma concepción ética, en proyectos múltiples y variados de primeras residencias, viviendas ubicadas en áreas y urbanizaciones suburbanas de carácter recreativo o segundas residencias. En este ámbito se ha adquirido una amplia experiencia manteniendo sus ideales constantes y adaptando sus proyectos a las necesidades espaciales y temporales, al hábitat y a los aspectos comerciales, fundamentales en todo proyecto.

Como hemos señalado, la preocupación por el entorno, la interrelación y la identificación que ha de conseguirse entre el lugar y la edificación a realizar –un elemento artificial que vamos a generar– es esencial en todos nuestros proyectos, que, además, han de conjugar estos condicionantes con los que se derivan, como es evidente, de las necesidades del promotor, las exigencias económicas y comerciales, y, sobre todo, las de los usuarios, que también se coordinan con otras de tipo legal, administrativo y de planificación.

En todo esto juegan un papel preponderante y condicionante del diseño todos los elementos constructivos, estructurales y técnicos, así como el uso óptimo de los materiales que den una correcta respuesta al diseño final. También debemos destacar la gran importancia que se ha de conceder a las arquitecturas locales, armonizando en una correcta simbiosis estilo, materiales, sistemas constructivos y economía.

En lo puramente personal resaltamos una tenaz búsqueda de soluciones innovadoras que hagan más habitables los espacios, más bella y menos agresiva la materia y más armónica su integración en el medio natural donde se actúa. En el resultado de esta búsqueda es donde radica el éxito o el fracaso.

From the beginning, MS has been guided by the core principal of understanding the objective, the environment in which it operates, and the spirit and needs of project recipients.

Over time, Estudio MS's activity has spread throughout the world. Undeterred by borders, they have developed projects in Mexico (Acapulco and Cancún), Iraq, Switzerland, Egypt, Brazil, and more. They apply the same philosophy and ethical concepts to many varied primary residence projects and housing developments in suburban areas with a leisure bent. The same applies to second homes, an area in which MS Studio has acquired extensive experience, maintaining constant ideals and adapting their projects to spatial, temporal, habitat and commercial requirements –factors that are fundamental to any project.

As we have already mentioned, a concern for the environment as well as the identification and the relationship that needs to be established between the place and the structure –an artificial element that we will create– are an essential part to every project. It is also important to combine these factors with the needs of the developer, economic and commercial demands, and most of all those of the users, which must also be coordinated with other legal, administrative and planning necessities.

Overall, the determining factors in yielding the correct solution for the final design are the constructive, structural and technical components along with optimal use of materials. We must also emphasise the vast importance that has been attached to local architecture, harmonising style, materials, construction systems and economy in a neat symbiosis.

As a purely personal hallmark, we pursue a tenacious search for innovative solutions that make spaces more liveable and materials more beautiful and less aggressive. Integration with the natural environment brings about a more harmonious ensemble. Success or failure lies in the result of this search.

"THE HUMAN BEING AS RECIPIENT OF THE PROJECT"

#01**AC-SFM**

Edificio Sedeño
Parcela U.E. 6-2. Fuengirola. Málaga. ES
Descripción: edificio de 54 viviendas
+ 4 sótanos de aparcamientos
Sup. parcela: 1.570 m²
Sup. total const.: 5.470 m²

Edificio Sedeño
Plot U.E. 6–2. Fuengirola. Málaga. ES
Description: building of 54 apartments
+ 4 basement car parks
Plot size: 1,570 m²
Total built area: 5,470 m²

#01**AC-SFM**

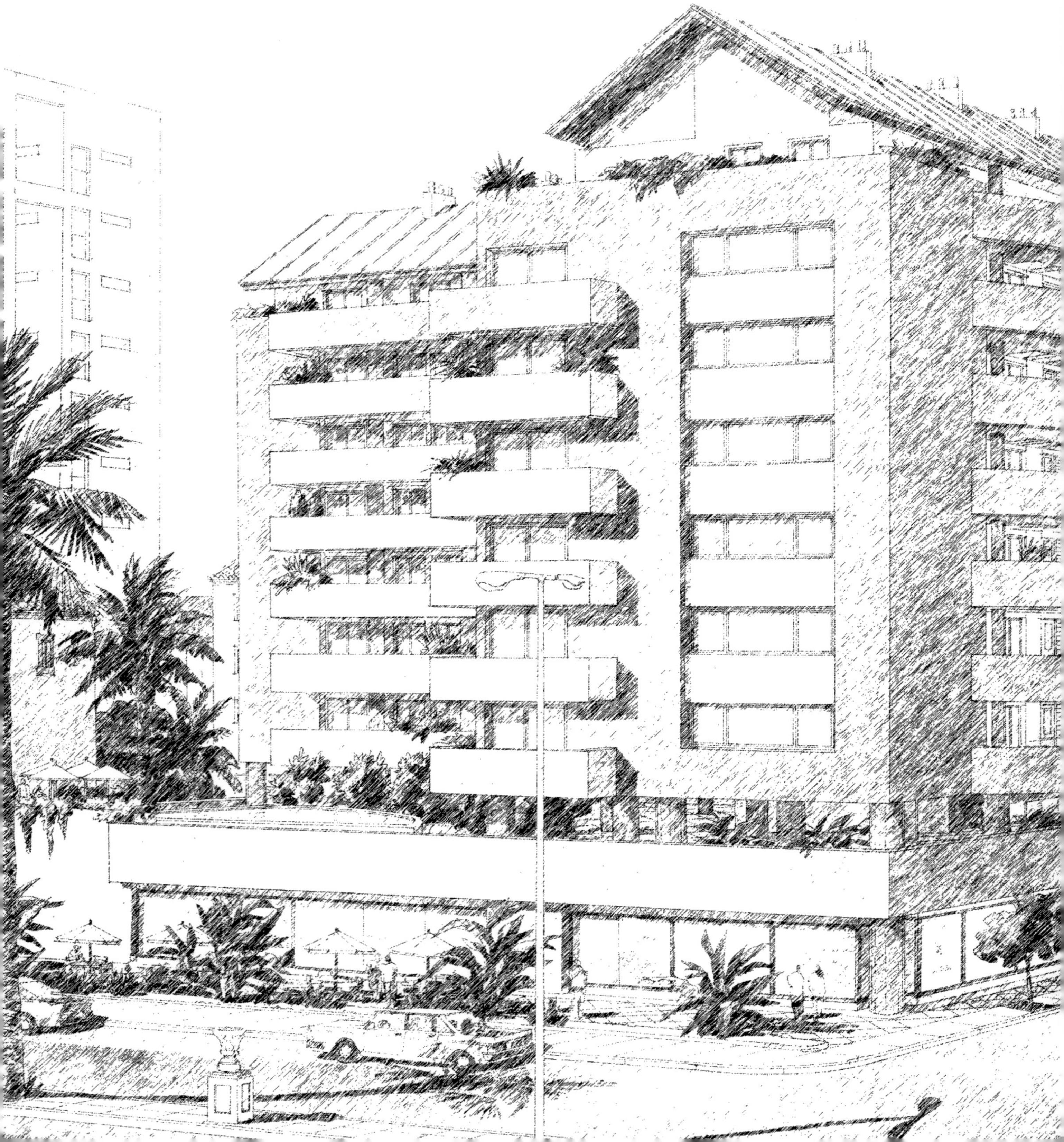

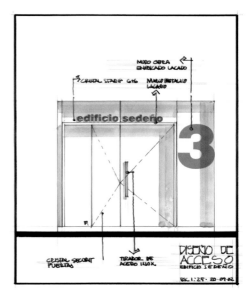

edificio sedeño

3

DISEÑO DE ACCESO
EDIFICIO SEDEÑO

ESC. 1:25 · 20·09·02

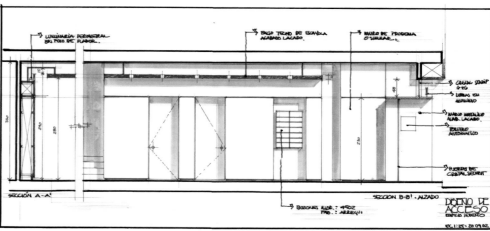

SECCIÓN A-A'

SECCIÓN B-B' · ALZADO

DISEÑO DE ACCESO
EDIFICIO SEDEÑO

ESC. 1:25 · 20·09·02

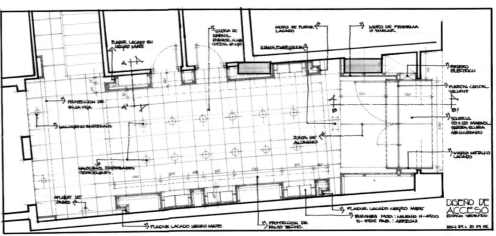

DISEÑO DE ACCESO
EDIFICIO SEDEÑO

ESC. 1:25 · 20·09·02

Se trata de un proyecto completamente urbano situado en la calle Sedeño, en el centro de la ciudad de Fuengirola. Este edificio de viviendas, en el que se actúa sobre una superficie de 1.092 m², se desarrolla en 9 plantas y dispone de locales comerciales y un aparcamiento. En la planta a nivel de calle se distribuyen los siete locales y el vestíbulo de acceso a las plantas superiores, donde se encuentran la piscina, las terrazas comunes y las viviendas. En la primera planta se diseña una amplia terraza común conformada por porches, terrazas y una gran piscina, así como una zona de instalaciones. Las viviendas comienzan a partir de la segunda planta.

El edificio se ha concebido en L, de modo que las viviendas obtienen salidas de vistas hacia sus dos lados. En el ángulo que ejerce de rótula se proyecta una torre de donde salen unas grandes terrazas voladas, uniendo así las dos alas e integrando el conjunto. El edificio consta de ocho viviendas por planta de aproximadamente 80 m² cada una, formando un total de 56 apartamentos. Un aspecto fundamental del edificio es que se corona con una gran cubierta metálica inclinada, por lo que los apartamentos de la última planta obtienen una gran altura y más espacio, dotándoles de característicos áticos.

This is a completely urban project located on Calle Sedeño, in the city centre of Fuengirola. This nine-storey apartment building with an area of 1,092 m² also houses commercial premises and a car park. On the ground floor, at street level, there are seven shops as well as lobby access to the upper floors, which house the pool, communal terraces and the apartments. A spacious communal terrace was designed for the first floor, comprising porches, terraces and a large swimming pool, as well as a service area. The accommodation begins on the second floor.

The building was designed in an L shape, so that the apartments have views from both sides. The corner that acts as a hinge has a tower from which large cantilevered terraces protrude, linking the two wings and integrating the whole. The building has eight apartments per floor measuring approximately 80 m² each, making a total of 56 apartments. An outstanding feature of the building is its crown: a large sloped metal roof. This means that the top-floor apartments are higher and more spacious, giving them it's unique penthouses.

#02**AC-3CC**

Valverda Novopark de Sant Cugat, S. L.
Sant Cugat del Vallès. Barcelona. ES
Descripción: 3 bloques de viviendas + piscina
+ zonas comunes
Sup. parcela: 12.618 m²
Sup. total construida: 17.830 m²

Valverda Novopark de Sant Cugat, S. L.
Sant Cugat del Vallès. Barcelona. ES
Description: 3 apartment blocks + pool
+ communal areas
Plot size: 12,618 m²
Total built area: 17,830 m²

«Una arquitectura universal, capaz de autojuzgarse»
"A universal architecture, capable of self-evaluation"

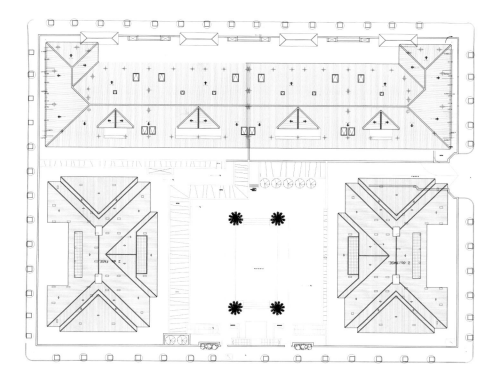

Este proyecto de tres bloques de viviendas se desarrolló sobre una parcela de 5.030 m² situada entre la calle Esteve Pila y la calle Ramón Casas de Sant Cugat del Vallès. Los bloques se han dispuesto creando una U en la que las viviendas miran hacia una gran zona ajardinada central, donde está ubicada la piscina comunitaria. Se sitúan dos bloques más cortos en las zonas este y oeste de la parcela y un bloque más largo en la zona norte con vistas hacia el sur. El bloque largo ocupa una superficie de 1.079 m² y cada bloque corto ocupa una superficie de 415 m², dejando una superficie de 3.121 m² de zonas ajardinadas y plataformas.

This project for three apartment blocks was developed on a plot measuring 5,030 m² situated between Calle Esteve Pila and Calle Ramón Casas in Sant Cugat del Vallès. The blocks were arranged in a U shape so that the houses overlook a large central garden with a swimming pool. Two shorter blocks were arranged along the east and west sides of the plot and a longer block along the north with views to the south. The long block covers an area measuring over 1,079 m², and each shorter block covers 415 m², leaving 3,121 m² for gardens and platforms.

Cada bloque consta de cinco plantas más zonas abuhardilladas en la cubierta. Hay tres apartamentos por planta en los bloques cortos (con una vivienda dúplex en cada uno) y ocho apartamentos por planta en el bloque largo, de los cuales seis de la última planta son dúplex abuhardillados. El concepto de este desarrollo es crear elementos que transmitan sensación de horizontalidad para disminuir visualmente la altura de las edificaciones, generando también volúmenes volados que den sombra sobre las fachadas para fomentar el entendimiento horizontal del complejo. Esto se ha conseguido mediante grandes balcones curvos que suavizan la linealidad de las edificaciones. También se han utilizado los materiales y los colores para generar esa ligereza visual que se obtiene de la unión de todos los elementos arquitectónicos empleados.

Each block consists of five floors plus penthouses. There are three apartments per floor in the shorter blocks (with a maisonette apartment in each) and eight apartments per floor in the long block, where six of the top floor dwellings are penthouse maisonettes. The core concept of this development was to create elements that give an impression of horizontality to visually reduce the height of the buildings. Cantilevered volumes were also created to provide shade for the facades and promote the horizontal interpretation of the complex. This was achieved with large curved balconies that soften the linearity of the buildings. Materials and colours were also chosen to create the visual lightness that results from the blend of all the architectural elements used.

El Castell MF Residencial Fase I
Llinars del Vallès. Barcelona. ES
Descripción: 132 viviendas en
11 bloques + piscina + zonas comunes
Sup. parcela: 12.571 m²
Sup. total const.: 12.318 m²
Año: 2005

El Castell MF Residencial Fase I
Llinars del Vallès. Barcelona. ES
Description: 132 homes in 11 blocks
+ pool + communal areas
Plot size: 12,571 m²
Total built area: 12,318 m²
Year: 2005

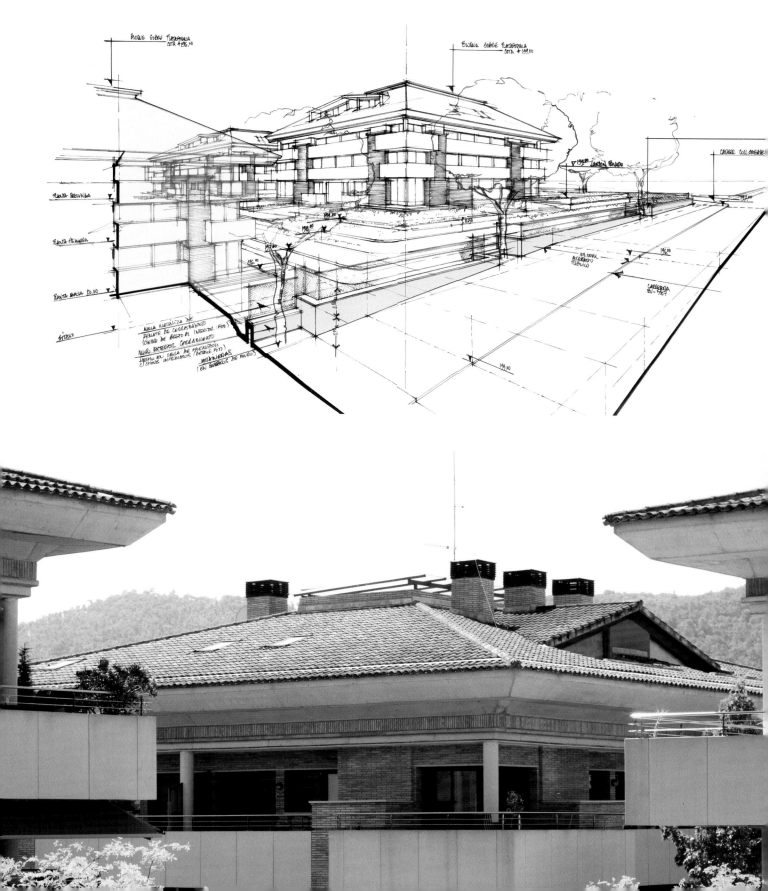

L'Illa Verda
Vall de Sant Cugat, S. L.
Sant Cugat del Vallès. Barcelona. ES
Descripción: 9 bloques de viviendas
+ piscina + zonas comunes
Sup. parcela: 5.030 m²
Sup. total const.: 13.242,20 m²
Año: 1998

L'Illa Verda
Vall de Sant Cugat, S. L.
Sant Cugat del Vallès. Barcelona. ES
Description: 9 apartment blocks
+ pool + communal areas
Plot size: 5,030 m²
Total built area: 13,242.20 m²
Year: 1998

En la calle Esteve Pila esquina con Pere Serra, en Sant Cugat del Vallès, se ubica este desarrollo de 90 viviendas en nueve bloques. La parcela donde están situados los nueve bloques aislados es de 12.618 m², de los cuales los bloques ocupan una superficie de 3.820 m² y dejan una superficie de 8.800 m² de zonas verdes y espacios abiertos.

Cada bloque consta de tres plantas de cuatro viviendas por planta, las dos centrales de tipo dúplex. Los apartamentos son de 118 m² y los dúplex, de 121 m². El complejo se distribuye en cinco bloques aislados en la zona norte de la parcela y cuatro en la zona sur, en cuya zona central se encuentran los jardines comunes y una gran piscina.

This development of 90 homes in nine blocks is located on the corner of Calle Esteve Pila and Calle Pere Serra in Sant Cugat del Vallès. The plot where the nine detached blocks are located measures 12,618 m² in area, and of that the blocks occupy an area measuring 3,820 m², leaving 8,800 m² of green areas and open spaces.

Each block has three floors with four apartments per floor, the two central ones being maisonettes. The apartments measure 118 m² and the maisonettes 121 m². The complex is divided into five detached blocks in the north of the plot and four in the south. The central area houses communal gardens and a large pool.

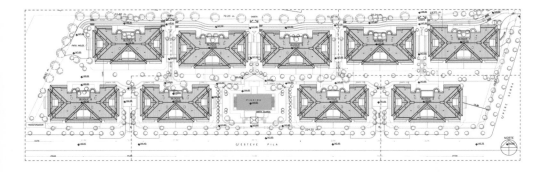

El concepto principal de este proyecto era crear una tipología de bloques que diera la sensación de viviendas aisladas, huyendo de la dureza propia de la arquitectura estrictamente urbana. Esto se ha conseguido mediante la volumetría de cada edificación y su interrelación a través de los grandes espacios verdes y sus plataformas. Las fachadas son principalmente de ladrillo visto con grandes aperturas para los ventanales y amplias terrazas voladas que otorgan profundidad a la edificación, así como una gran sensación de horizontalidad que se ha conseguido reduciendo la escala vertical de los bloques. Estos se han coronado con cubiertas a cuatro aguas con grandes vuelos que actúan como contrapunto y transmiten la sensación de suavidad arquitectónica que se ha logrado en este complejo.

The main concept of this project was to create a feeling of detached dwellings with the blocks, avoiding the hardness of strictly urban architecture. This was achieved with the elevation of each building and the interconnection between the buildings through large green spaces and platforms. The facades are mainly brick with large openings for windows and spacious cantilevered terraces that add depth to the building. A strong sense of horizontal alignment was achieved by reducing the vertical scale of the blocks, which were crowned with hipped roofs with large cantilevers that act as a counterpoint and convey the sense of architectural softness that has been achieved in this complex.

#03**AC-LMPM**

Los Monteros Park
Urb. Los Monteros. Parcelas 19-21-23.
Marbella. Málaga. ES
Descripción: 3 bloques de 23 viviendas
+ piscina + zonas comunes
Sup. parcela: 5.500 m²
Sup. total const.: 3.500,81 m²
Año: 2003

Los Monteros Park
Los Monteros Complex. Plots 19-21-23.
Marbella. Málaga. ES
Description: 3 blocks of 23 apartments
+ pool + communal areas
Plot size: 5,500 m²
Total built area: 3,500.81 m²
Year: 2003

ALZADO LATERAL

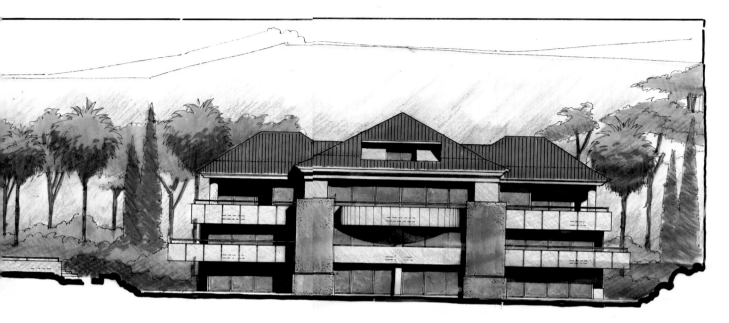

ALZADO   PRINCIPAL   1:100

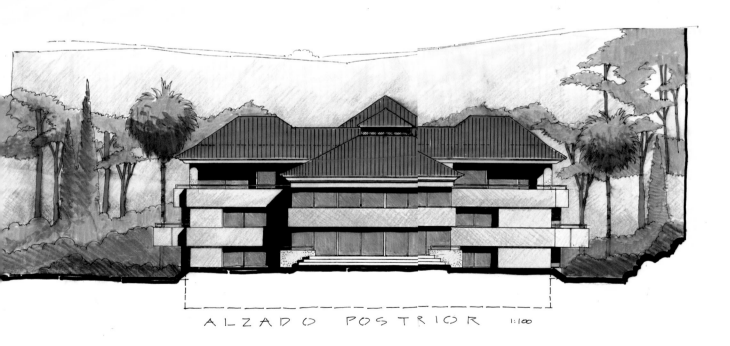

ALZADO   POSTRIOR   1:100

ALZADO   BLOQU   TIPO   ENE'98

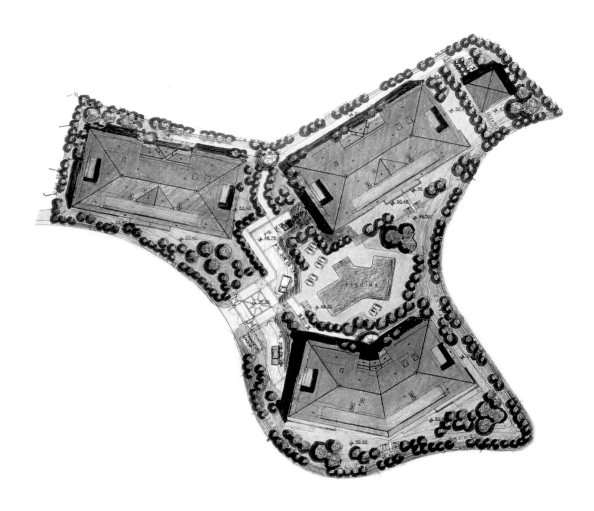

En un terreno de 5.603 m² de la urbanización Los Monteros, en el término municipal de Marbella, se desarrollaron 23 viviendas en tres bloques. Debido a la disposición de los edificios y para optimizar la ocupación del terreno, se creó una gran zona central ajardinada en plataformas donde se ubicó la piscina, generando un entorno íntimo y privado donde la propia edificación actúa formando un gran patio que permite salidas de vistas puntuales y enmarcadas.

El diseño de los bloques es de una gran sobriedad y limpieza en sus líneas. Están coronados con unas grandes cubiertas que forman parte de los áticos de 250 m² con zonas abuhardilladas. Los apartamentos de 230 m² son de amplios espacios y proporciones, y en ellos se optimizan el número de estancias y su tamaño, ofreciendo una notable sensación de espacio interior, un aspecto fundamental en el desarrollo de viviendas de estas características.

Twenty-three homes in three blocks were developed in an area measuring 5,603 m² in Los Monteros complex in the municipality of Marbella. Because of the arrangement of the blocks and to optimise the land use, a large central landscaped area was arranged on platforms with a pool, creating a private and intimate setting where the building itself forms a large courtyard that provides framed viewpoints.

The design of the blocks is very sober and streamlined. They are covered with large roofs that form part of the 250 m² penthouses with dormered ceilings. The 230 m² apartments have ample spaces and proportions. The number of rooms and their size were optimised, offering a remarkable sense of spaciousness inside, a fundamental factor in this type of housing.

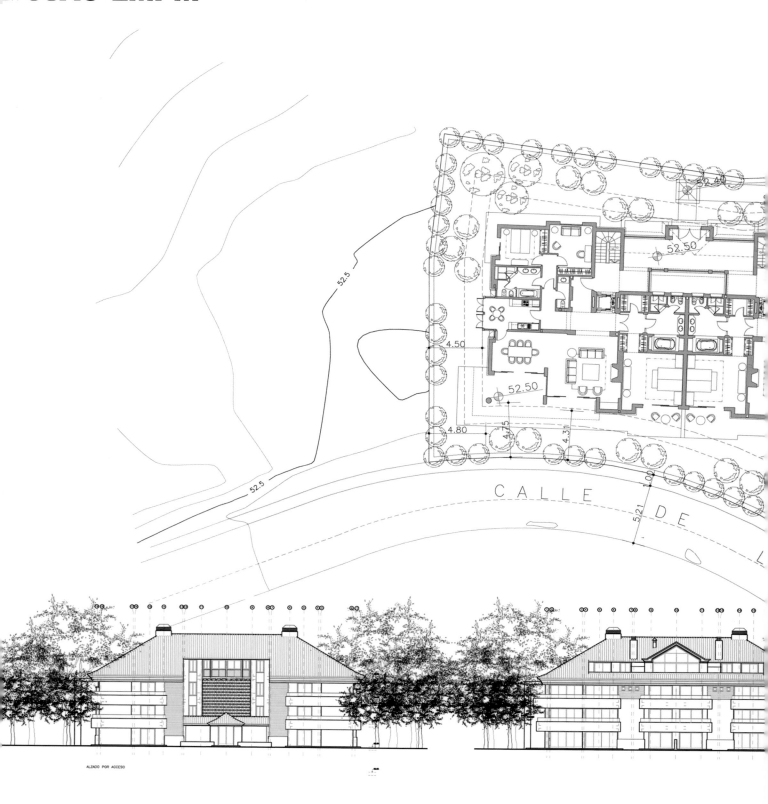

52.50

4.50

52.50

4.80

4.31

CALLE DE

ALZADO POR ACCESO

#04**AC-LFM**

Alanda PM2 Los Flamingos
Urbanización Los Flamingos
Benahavís. Málaga. ES
Descripción: 13 bloques de
55 viviendas + piscina + zonas
comunes
Sup. parcela: 21.543 m²
Sup. total const.: 16.000 m²

Alanda PM2 Los Flamingos
Los Flamingos complex
Benahavís. Málaga. ES
Description: 13 blocks of 55 homes
+ pool + communal areas
Plot size: 21,543 m²
Total built area: 16,000 m²

Este proyecto consta de 55 viviendas en bloques sobre una parcela de 21.543 m² situada en una de las lomas más altas de la urbanización Los Flamingos, en el término municipal de Benahavís. En este desarrollo se continúa con la premisa de proyectar todas las habitaciones y zonas vivideras de los apartamentos hacia el frente, ya que las vistas al campo de golf y al mar eran fundamentales. Esto genera una tipología más horizontal, lo cual nos ayuda a asentar los bloques entre sí y sobre el terreno de una manera más libre e integradora, pues al crear las distintas plataformas entre bloques –que comprenden las zonas ajardinadas y de piscinas– se los trata como volúmenes propios y se logra dicha integración entre todos los elementos, consiguiendo una lectura uniforme.

Los bloques han sido concebidos en una arquitectura distinta a la que se ha venido desarrollando en la zona, dotando al conjunto de un carácter propio. Se dispusieron plataformas diseñadas de tal manera que al implantar los bloques no se interrumpieran las vistas unos con otros, creando una armonía visual de todo el conjunto.

This project consists of 55 apartments in blocks on a plot measuring 21,543 m² located on one of the highest hills in Los Flamingos complex in Benahavís. This project was designed with the remit of having all rooms and living areas of the homes facing outward, since it was essential to provide views of the golf course and the sea. This creates a more horizontal alignment, which helped us to position the blocks in relation to each other and the ground in a more open and inclusive way. By creating various platforms between blocks to house the gardens and pools we treated the platforms as volumes in their own right and so integration is achieved amongst all the elements, yielding a uniform reading.

The blocks were designed in a different architectural style to what had become standard in the area, conferring a unique personality. Platforms designed were arranged so that the blocks would not interrupt each other's views, creating visual harmony throughout.

«A partir del conocimiento se desarrollan las emociones y los sentimientos, así como el disfrute y el respeto de los mismos.»

"From knowledge, feelings and emotions develop,
as well as enjoyment of and respect for them."

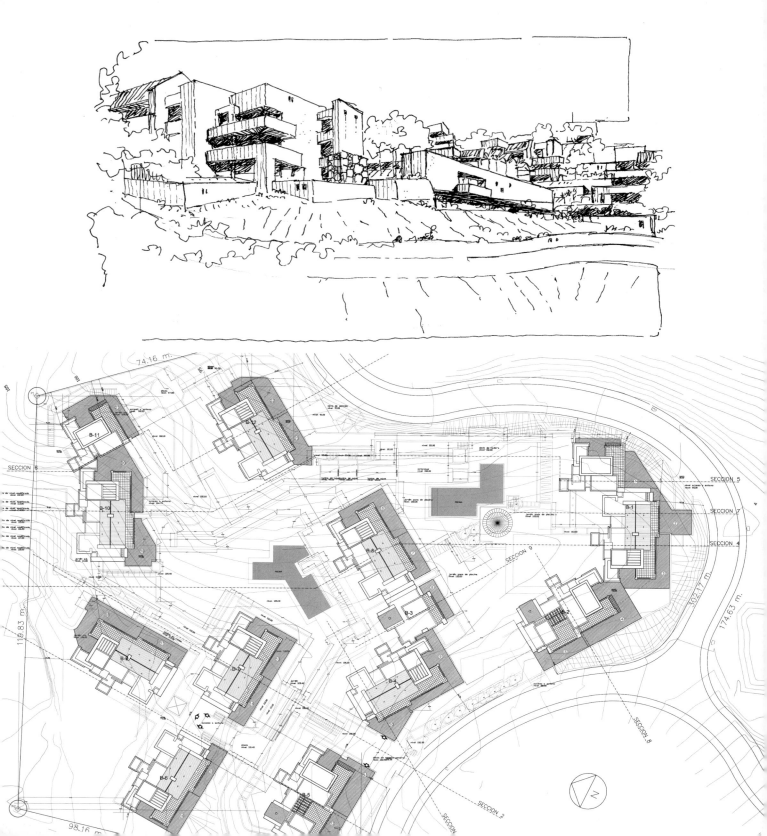

Las viviendas constan de un vestíbulo de acceso que nos reparte a todas las dependencias, así como a un aseo de cortesía. La cocina se proyectó semiabierta al salón-comedor para disfrutar de las vistas desde aquí. El salón-comedor se distribuye en un gran espacio protegido por un porche que a su vez genera un espacio de vida exterior. Los dormitorios tienen todos vistas al frente, directamente al campo de golf y al mar, al igual que el resto de las estancias. Cada dormitorio cuenta con un baño propio y todas las estancias están proyectadas con proporciones que dan una gran sensación de espacio y desahogo, al provocar salidas de vista en todos los remates visuales de los recorridos interiores.

The houses consist of an entrance hall that leads to all of the units, as well as to a toilet. The kitchen was planned to be semi-open to the living-dining room in order to enjoy the views from there. The living-dining room is a large space protected by a porch, which in turn forms an outdoor living space. The rooms all have views to the front, directly over the golf course and the sea. Each bedroom has its own bathroom and all rooms are designed with proportions that give a great sense of space and comfort, with viewpoints as part of the visual finishing touches in the interior pathways.

Alanda Tee 5 Los Flamingos
Urbanización Los Flamingos
Benahavís. Málaga. ES
Descripción: 6 bloques de 55 viviendas
+ piscina + zonas comunes
Sup. parcela: 16.695 m²
Sup. total const.: 10.000 m²
Año: 2005

Alanda Tee 5 Los Flamingos
Los Flamingos complex
Benahavís. Málaga. ES
Description: 6 blocks of 55 apartments
+ pool + communal areas
Plot size: 16,695 m²
Total built area: 10,000 m²
Year: 2005

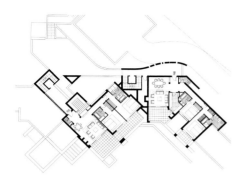

Este proyecto, situado en la urbanización Los Flamingos, en el término de Benahavís, supuso un gran reto debido a la topografía existente y a la forma de la propia parcela, contraria a la salida de vistas. Las disposiciones fundamentales para el diseño fueron que todas las habitaciones miraran al frente y que, al tener que construir en bloques, que estos no dieran tal sensación, sino que más bien tuvieran aspecto de pueblo integral en la ladera.

La parcela es de 16.530 m², en la cual se desarrollan 54 apartamentos en seis bloques. Hay dos tipos de bloques distintos que generan la matriz del diseño. La integración de la arquitectura se produce al crear volúmenes, muros, plataformas y zonas ajardinadas en bancales que van uniéndose entre bloques, otorgando una identidad visual unitaria a todo el conjunto. La posición de los distintos bloques se ha desarrollado de tal manera que entre ellos hay la mínima incidencia visual y todos tienen salida de vistas hacia el hotel, el campo de golf y el mar.

This project, located in the Los Flamingos complex in Benahavís, was a major challenge because of the existing topography and shape of the plot, which could easily obstruct views. The key prerequisites for the design were that all rooms should face outwards and that despite being built in blocks they should have the look of a village built into the hillside.

There are 54 apartments in six blocks on a plot of land measuring 16,530 m². Two different types of blocks make up the design template. The architecture is integrated by creating volumes, walls, platforms and terraced gardens between blocks, endowing the ensemble with a visual identity. The various blocks were developed in such a way that there is minimal visual interference between them and they all have views overlooking the hotel, the golf course and the sea.

«Todo lo que es humano se transforma,
así también la arquitectura y cómo mirarla.»

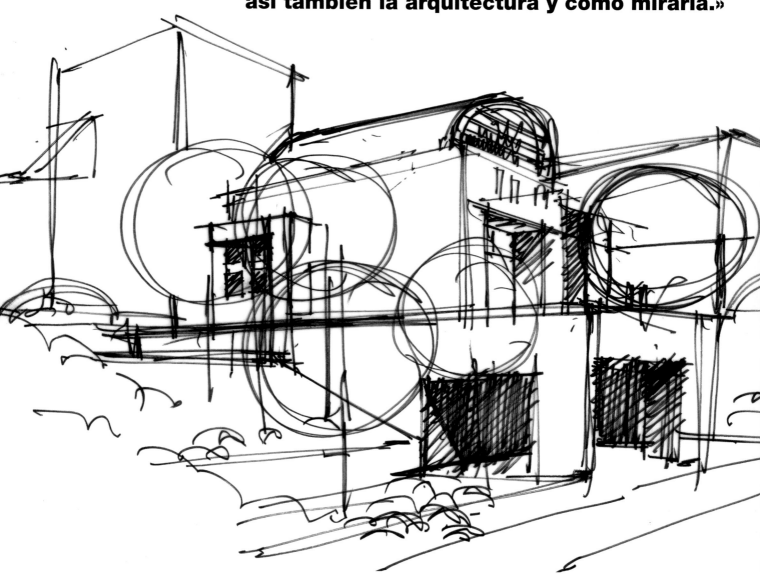

"Everything human changes,
as does architecture and the way we look at it."

#05**AC-4VA**

Agave Real Herausa
Parcela U.E.R. 13. Vera. Almería. ES
Descripción: 4 bloques plurifamiliares
con 54 viviendas + garajes + piscinas
+ zonas comunes
Sup. parcela: 8.846 m²
Sup. total const.: 4.500 m²

Agave Real Herausa
Plot U.E.R. 13. Vera. Almería. ES
Description: 4 blocks with 54 homes
+ garages + swimming pools
+ communal areas
Plot size: 8,846 m²
Total built area:4,500 m²

«Una obra arquitectónica necesita: el tiempo,
para comprender el espacio y su uso, para que sus
formas sean asimiladas, para que se integre en el espacio;
y la proporción, para que adquiera la calidad de intemporal.»

"A work of architecture needs: time,
for the space and its use to be understood, for its forms
to be assimilated, for it to be integrated into space; and
proportion, in order for it to acquire a timeless quality."

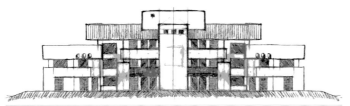

Este desarrollo ubicado en primera línea de golf en Vera (Almería) consta de cuatro bloques con un total de 54 viviendas y se ha llevado a cabo sobre una parcela de 8.846 m². Se trata de un complejo concebido netamente como segunda vivienda, de carácter turístico, relacionado con las vacaciones, el golf, el mar y la familia. Las características del lugar nos han marcado la creación de una edificación con influencias de la arquitectura mexicana mezclada con la propia arquitectura andaluza de esta zona desértica.

Se han creado grandes volúmenes y elementos arquitectónicos de relevancia, fomentando las sombras entre ellos e integrando el conjunto para crear una sola entidad, huyendo de la imagen de cuatro bloques aislados. Los voladizos, los muros, los pilares y las vigas se entrelazan y enmarcan grandes aperturas visuales desde cada estancia, potenciando las vistas hacia el campo de golf y el paisaje natural, que se ha integrado en el desarrollo. El paisajismo creado hace de nexo entre la arquitectura y el paisaje.

Las viviendas se dividen en apartamentos de 80 m² de dos habitaciones y dúplex de 84 m², todos ellos con grandes porches y terrazas que crean espacios vivideros en el exterior. Estos se han emplazado de manera tal que se disfruta del exterior y de las vistas hacia el imponente jardín central con piscina, diseñado para que estuviese integrado con el campo de golf.

Located on the edge of the golf course in Vera, Almería, in Spain, this development consists of four blocks with a total of 54 homes built on a plot measuring 8,846 m². This is a complex that was clearly designed as a second home, which is related with holidays, golf, sea and family. The characteristics of the site inspired the creation of a building with influences from Mexican architecture mixed with the Andalusian architecture that is typical of this desert area.

Large volumes and iconic architectural elements were designed, creating shadows between them and integrating the ensemble to create a single entity, avoiding the appearance of four isolated blocks. The cantilevers, walls, pillars and beams intermingle and frame large visual openings from each room, enhancing the views of the golf course and the natural landscape, which has been integrated into the development. The landscaping creates liaisons between the architecture and natural landscape of the area.

The blocks are divided into 80 m² apartments with two bedrooms and 84 m² maisonettes, all with large porches and terraces that create usable outdoor areas. They were positioned so that residents can enjoy the outdoors and stunning views of the central garden and pool, which were designed to integrate with the golf course.

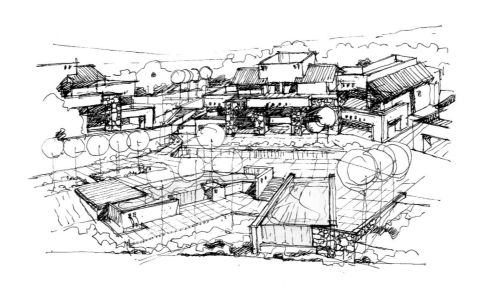

#05**AC-4VA**

Las Moreras Herausa
Gestión & Promoción, S. L.
Parcela U.E.R. 2. Vera. Almería. ES
Descripción: 48 apartamentos en 3 bloques
+ piscina + zonas ajardinadas
Sup. parcela: 8.455 m²
Sup. total const.: 3.800 m²
Año: 2005

Las Moreras Herausa
Gestión & Promoción, S. L.
Plot U.E.R. 2. Vera. Almería. ES
Description: 48 apartments in 3 blocks
+ pool + gardens
Plot size: 8,455 m²
Total built area: 3,800 m²
Year: 2005

Este conjunto de 48 viviendas en tres bloques se desarrolló en la parcela U.E.R. 2, de 8.455 m², del complejo urbanístico Valle del Este Resort en Vera (Almería). La edificación se ha distribuido en la parcela en tres bloques que forman una L, optimizando así la salida de vistas de todas las viviendas al campo de golf y creando una gran zona central de jardines, plataformas y piscina que integra el campo de golf en el desarrollo.

This complex of 48 apartments in three blocks was developed in the plot U.E.R. 2 measuring 8,455 m² in the urban complex Valle del Este Resort in Vera, Almería, in Spain. The structures were distributed throughout the plot in three blocks forming an L shape, optimising the views of the golf course from all the homes and creating a large central garden area, platforms and a pool, all of which contribute to the integration of the golf course into the development.

Los bloques son de tres plantas y hay dos tipos de viviendas. 42 unidades de dos habitaciones y seis unidades de tres dormitorios. Se optó por adoptar una arquitectura que integrase el conjunto con grandes volúmenes maclados entre sí. Dentro del movimiento propio de las fachadas se han proyectado unas grandes terrazas voladas, continuas, que actúan como punto de unidad del complejo y ofrecen una lectura continua y horizontal, extendiendo la arquitectura y haciéndola sencilla y sobria, en vez de una lectura vertical muy perforada y llena de elementos salientes esporádicos.

The blocks have three floors and contain two types of homes: 42 two-bedroom units and six three-bedroom units. We chose an architectural style that integrates the whole with big interconnected volumes. Large continuous, cantilevered terraces were designed within the motion of the facades. These terraces act as the centrepiece of the complex and offer a continuous, horizontal reading, extending the architecture and making it simple and sober instead of a highly perforated vertical reading full of sporadic protrusions.

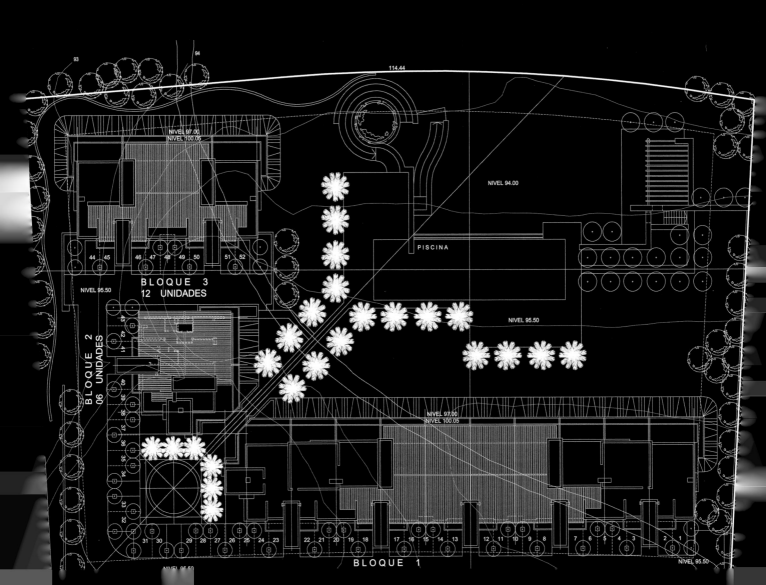

Aralia Vera

Herausa de Gestión & Promoción, S. L.
Altia Proyectos & Desarrollos, S. A.
Parcela U.E.R. 16. Vera. Almería. ES
Descripción: 136 apartamentos en
4 bloques + piscina + zonas comunes
Sup. parcela: 17.375 m²
Sup. total const.: 11.641 m²

Aralia Vera

Herausa de Gestión & Promoción, S. L.
Altia Proyectos & Desarrollos, S. A.
Plot U.E.R. 16. Vera. Almería. ES
Description: 136 apartments in
4 blocks + pool + communal areas
Plot size: 17,375 m²
Total built area: 11,641 m²

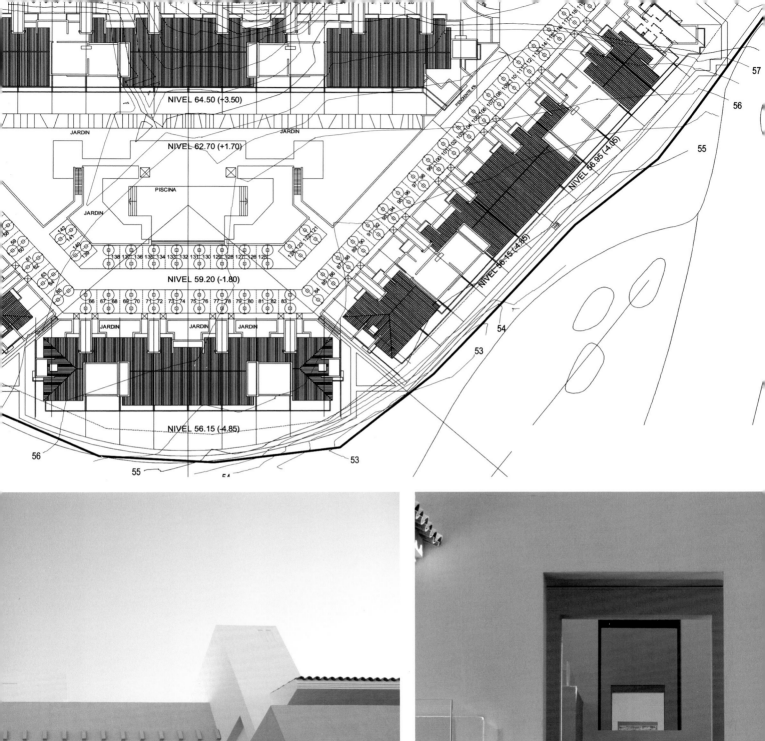

NIVEL 64.50 (+3.50)

JARDIN   JARDIN

NIVEL 62.70 (+1.70)

PISCINA

JARDIN

NIVEL 59.20 (-1.80)

JARDIN   JARDIN   JARDIN

NIVEL 56.15 (-4.85)

NIVEL 56.95 (-4.05)

NIVEL 56.15 (-4.85)

57

56

55

54

53

56

55

54

53

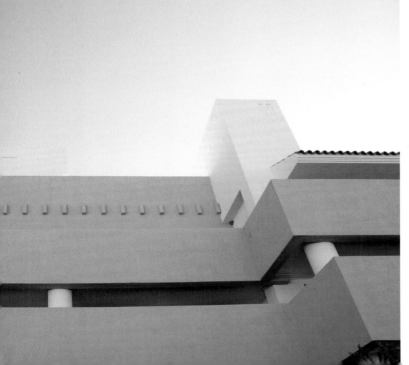

Azahares
Urbanización Valle del Este
Parcela U.E.R. 27. Vera. Almería. ES
Descripción: 24 viviendas
plurifamiliares + 3 viviendas adosadas
Sup. parcela: 9.902 m²
Sup. total const.: 4.653,13 m²
Año: 2009

Azahares
Urbanización Valle del Este
Plot U.E.R. 27. Vera. Almería. ES
Description: 24 multi-family houses
+ 3 townhouses
Plot size: 9,902 m²
Total built area: 4,653.13 m²
Year: 2009

#06AC-LMHCM

Los Monteros Hill Club Abacon Delta 2
Los Altos de los Monteros
Parcela B – 1ª. Marbella. Málaga. ES
Descripción: 6 bloques de 65 viviendas
Sup. parcela: 15.550 m²
Sup. total const.: 12.534 m²

Los Monteros Hill Club Abacon Delta 2
Los Altos de los Monteros
Plot B – 1ª. Marbella. Málaga. ES
Description: 6 blocks of 65 homes
Plot size: 15,550 m²
Total built area: 12,534 m²

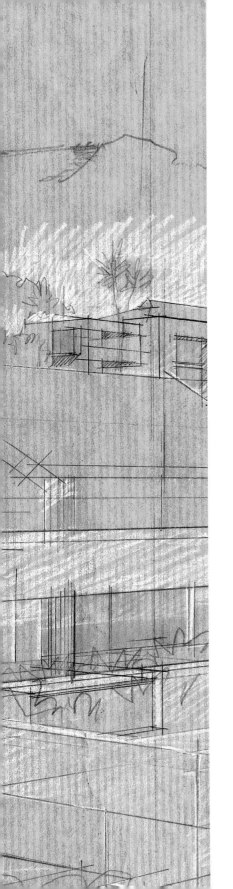

En una ladera de la urbanización Los Monteros Hill Club, en Marbella, se llevó a cabo este desarrollo de 65 viviendas agrupadas en seis bloques. Debido a la pronunciada pendiente del terreno, los bloques se diseñaron de tal manera que se integraran entre sí mediante plataformas y jardines aterrazados, evitando el máximo de interferencias visuales entre las viviendas para poder disfrutar de las magníficas vistas al Mediterráneo.

Mediante las soluciones adoptadas de abancalamientos, plataformas y jardines volados, se ha logrado una integración global entre los elementos arquitectónicos y el paisaje que nos recuerda a los poblados mediterráneos tradicionales con una arquitectura más contemporánea.

This development of 65 homes grouped into six blocks was built on the hillside of Los Monteros Hill Club in Marbella. Because of the steep terrain, the blocks were designed to be connected via platforms and terraced gardens. Every effort was made to avoid obstructing views in order to allow residents to enjoy the magnificent scenery of the Mediterranean.

Reminiscent of traditional Mediterranean villages blended with more contemporary architecture, a comprehensive integration between the architecture and the landscape was achieved with terracing, platforms and gardens.

131

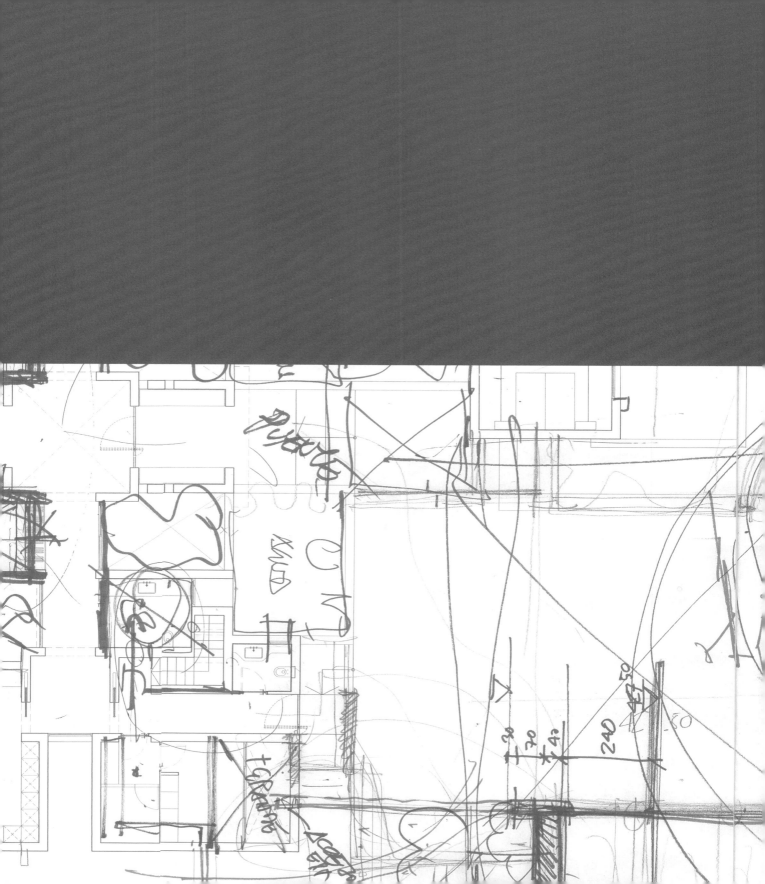

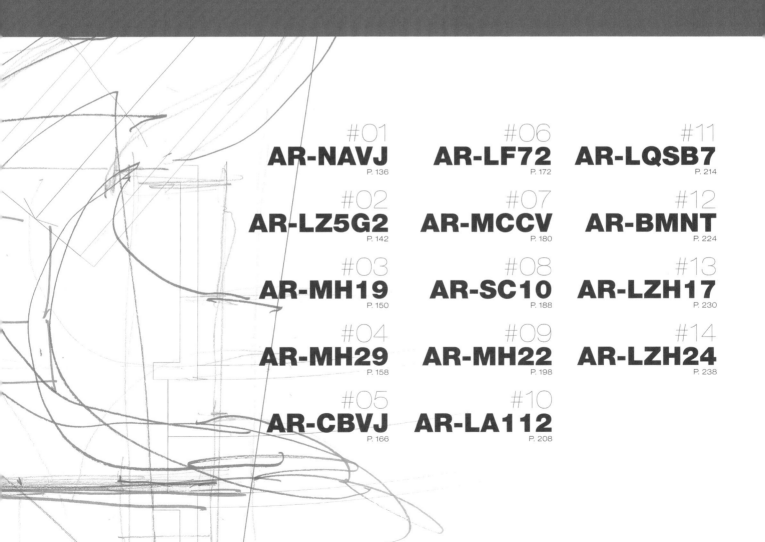

ARQUITECTURA RESIDENCIAL
RESIDENTIAL ARCHITECTURE

«DESENCADENAR SENSACIONES DE PLACER: OTRA DE LAS FUNCIONES DE LA ARQUITECTURA»

El desarrollo de arquitectura unifamiliar requiere una identificación psicológica con quienes han de ser sus usuarios; hay que conocer la personalidad, el carácter, los gustos y las aficiones de quienes van a ocuparla, de quienes van a desarrollar en ella su vida, de tal modo que el resultado final se adecúe perfectamente a los moradores.

Sincronizar y engranar todas las necesidades de las personas que van a utilizar la vivienda como hogar, con todas las implicaciones que ello conlleva, no supone el abandono de la impronta, del estilo, de las peculiaridades creativas del arquitecto que nunca se pierden, de manera en que las viviendas de MS presentan, obviamente, además de los caracteres esenciales que la hacen apropiada a cada caso concreto, unos rasgos particulares.

Todos los proyectos se rigen por las mismas normas en cuanto al seguimiento de una ética de diseño y desarrollo, conjugando las exigencias y las necesidades del destinatario y la armonización con el entorno, generando esa simbiosis con el paisaje que permite integrar la vivienda en el medio natural. Para ello, la elección de materiales y texturas, el estudio de la luz y el contraste con la sombra, y el tratamiento de formas y volúmenes se constituyen en esencia del diseño.

De vital importancia es, por supuesto, la organización de los espacios interiores, donde la arquitectura nace hacia dentro convirtiéndose en el entorno de la vida cotidiana y para cuya creación es necesario el contacto directo de los futuros habitantes para que dichos espacios sean un reflejo del alma, sin olvidar aspectos como el confort, la estética y la funcionalidad.

Por último, no debemos obviar la integración del proyecto en su respectivo contexto geográfico y cultural, respetando en todo momento la tradición arquitectónica de cada zona e innovando pero sin olvidar el legado del pasado. Los condicionantes de sostenibilidad y ahorro energético siempre se deberán tener en cuenta y ser adecuados para que su integración con el resto del diseño sea impecable. También ha de considerarse, desde una perspectiva ético-profesional, que todo este conjunto de factores ha de ser llevado con un perfecto equilibrio entre la calidad y el precio. Con todos estos elementos construiremos una vivienda en armonía con el entorno, que se adecúa a las necesidades de sus moradores, que reúne las exigencias de confort y habitabilidad necesarias y que está adecuada a los tiempos mediante el uso de las tecnologías de vanguardia y de los materiales más innovadores.

Residential architecture requires a psychological identification with the end users. You have to know the personality, character, tastes and hobbies of those who will occupy it, whose lives will unfold in it, so that the end result is perfectly suited to the inhabitants.

Synchronising and engaging all the needs of the people who will make the house their home, with all that this entails, does not mean that the architects' hallmarks and style have to be abandoned; the architects' creative quirks are never lost. MS homes not only have essential characteristics that make them appropriate to each set of inhabitants, but also a special personality of their own.

All projects are governed by the same rules for monitoring the ethics of design and development: combining the demands and needs of the end user, ensuring harmonisation with the environment, and creating a symbiosis with the landscape to integrate the house into its natural environment. To this end, the choice of materials and textures, the study of the contrast of light and shade and the treatment of shapes and volumes constitute the essence of the design.

The organisation of interior spaces is, of course, of vital importance. This is where architecture moves inward, becoming the everyday environment whose creation requires direct contact with the future inhabitants so that these spaces may be a reflection of the soul, while not forgetting aspects such as comfort, aesthetics and functionality.

Finally, we must not neglect the integration of the project with its geographical and cultural context, maintaining respect for the architectural tradition of each area, innovating without forgetting the legacy of the past. Sustainability and energy efficiency should always be taken into account and harnessed to create a flawless integration with the rest of the design. From a professional ethical perspective, we must also remember that this whole set of factors must be incorporated with a perfect balance between quality and price. All of these factors lead to building a home in harmony with the environment, adapted to the needs of its residents, meeting the necessary requirements of comfort and liveability that are appropriate to the times by using advanced technologies and increasingly innovative materials.

"TRIGGERING FEELINGS OF PLEASURE – ANOTHER PURPOSE OF ARCHITECTURE"

#01 **AR-NAVJ**

Vivienda Unifamiliar NAVJ
Urbanización Nueva Andalucía
Marbella. Málaga. ES
Descripción: vivienda unifamiliar
aislada
Sup. parcela: 2.500 m²
Sup. total const.: 900 m²
Año: 1989

Vivienda Unifamiliar NAVJ
Nueva Andalucía complex
Marbella. Málaga. ES
Description: detached single-
family house
Plot size: 2,500 m²
Total built area: 900 m²
Year: 1989

Esta villa ha supuesto un hito dentro de nuestra arquitectura. Realizada en 1989, este proyecto mezcló con acierto el estilo característico de la arquitectura residencial que se ha desarrollado en Marbella con el estilo más clásico de las zonas asiáticas, como las grandes cubiertas con vuelos unidos por estructuras de madera que conforman los espacios de vida exterior.

La disposición de los espacios de la villa sigue nuestros criterios fundamentales de separar el ámbito más privado de la casa, como las habitaciones y las estancias familiares, del de vida más social, como los salones, el comedor, los accesos, el recibidor, la cocina y las zonas de servicio. Estos espacios, localizados en ambos extremos de la casa, se unen mediante una gran zona pergolada exterior que conforma el porche, que en Marbella se puede disfrutar durante la mayor parte del año. Tanto este elemento como los extremos que sirven de basamento de las grandes cubiertas y sus vuelos dan una visión de la proporción horizontal de la casa que provoca una sensación de espaciosidad en una escala agradable y armoniosa.

This villa was a milestone in our architectural journey. Created in 1989, the project cleverly mixes the characteristic style of residential architecture that has evolved in Marbella with classic Asian style, such as large decks with cantilevers joined by wooden structures to make outdoor living spaces.

The rooms of the villa were arranged in accordance with our core criterion: to separate the more private area of the house, such as bedrooms and family rooms, from the more social areas, such as living rooms, the dining room, entrances, foyer, kitchen and service areas. These spaces, located at either end of the house, are connected by a large exterior pergola which forms an outer porch that can be used during most of the year in Marbella. This element, as well the extremes that serve as a foundation for the large roof and its supports, emphasises the horizontal layout of the house, creating a feeling of spaciousness on a pleasant and harmonious scale.

«La sencillez en la arquitectura, en su forma, en su enunciado final, dará como resultado una lectura clara en el observador

"Simplicity in architecture, in its shape, in its final form,
will result in the observer's pleasure in being able
to interpret it clearly."

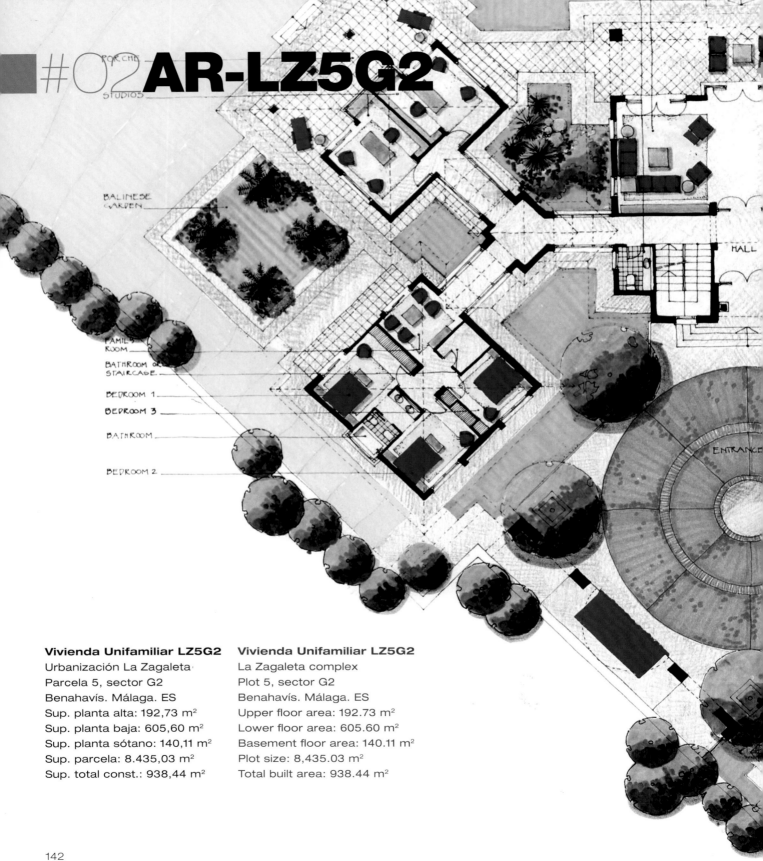

PORCHD STUDIOS

BALINESE GARDEN

HALL

FAMILY ROOM

BATHROOM OR STAIRCASE

BEDROOM 1

BEDROOM 3

BATHROOM

BEDROOM 2

ENTRANCE

Vivienda Unifamiliar LZ5G2

Urbanización La Zagaleta
Parcela 5, sector G2
Benahavís. Málaga. ES
Sup. planta alta: 192,73 m²
Sup. planta baja: 605,60 m²
Sup. planta sótano: 140,11 m²
Sup. parcela: 8.435,03 m²
Sup. total const.: 938,44 m²

Vivienda Unifamiliar LZ5G2

La Zagaleta complex
Plot 5, sector G2
Benahavís. Málaga. ES
Upper floor area: 192.73 m²
Lower floor area: 605.60 m²
Basement floor area: 140.11 m²
Plot size: 8,435.03 m²
Total built area: 938.44 m²

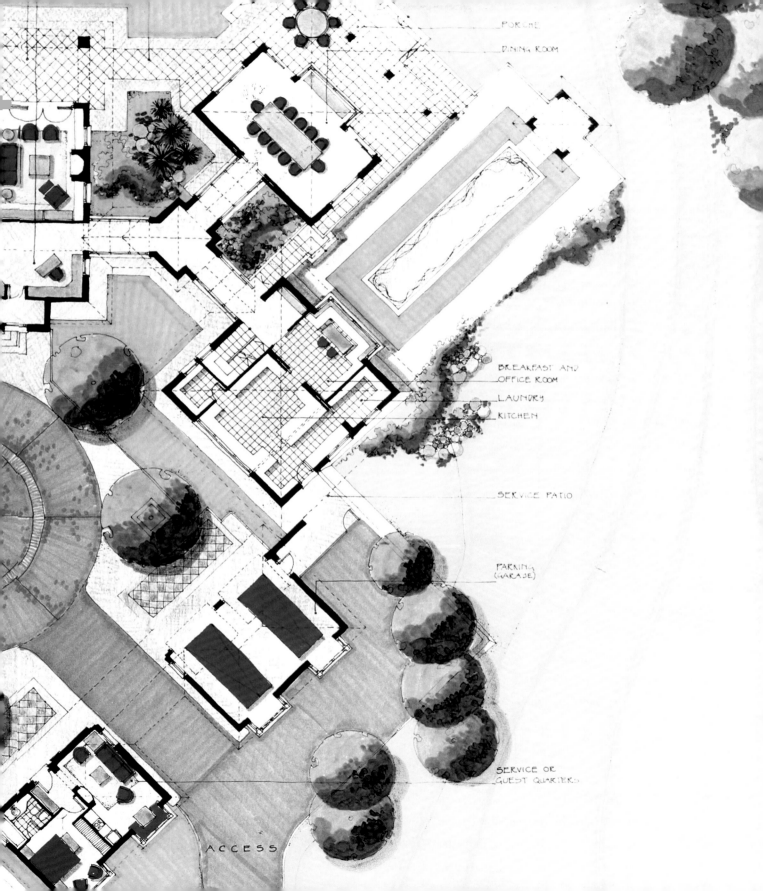

PORCHE

DINING ROOM

BREAKFAST AND
OFFICE ROOM

LAUNDRY

KITCHEN

SERVICE PATIO

PARKING
(GARAGE)

SERVICE OR
GUEST QUARTERS

ACCESS

Esta villa, situada en la urbanización La Zagaleta, en Benahavís, se proyectó con unas líneas clásicas y tradicionales de la arquitectura andaluza sintetizadas con algunos elementos costumbristas. La vivienda se ubica en una ladera con orientación suroeste, lo cual hizo inevitable orientar todas las dependencias hacia la salida de vistas natural al valle y al mar. El emplazamiento de la casa se realizó siguiendo las curvas de nivel, adaptándose a la caída de la ladera y minimizando el impacto de la construcción sobre el entorno.

La casa está distribuida en varios volúmenes exentos, girados entre sí para optimizar las vistas y el asoleamiento, y unidos por torreones y pasillos acristalados que dan a patios ajardinados integrados con el interior. La distribución de los distintos volúmenes en diferentes niveles y alineados con grandes cubiertas inclinadas logran un conjunto proporcionado en sí mismo y con su entorno.

This villa, situated in La Zagaleta complex, in Benahavís, was designed with classic, traditional lines of Andalusian architecture synthesised with folkloric elements. The property is located on a southwest-facing slope, which means that all the viewpoints would inevitably be oriented towards the natural views of the valley and the sea. The location of the house was chosen in accordance with the contours of the slope, adapting to its incline and minimising the building's impact on the environment.

The house is divided into several freestanding volumes, optimising views and areas for enjoying the sun. The different volumes are joined by towers and glazed corridors that overlook planted courtyards integrated with the interior. The layout of different volumes at different levels and alignments with large sloping roofs achieves an ensemble that is at harmony with itself and its environment.

#03AR-MH19

Vivienda Unifamiliar MH19

Urbanización Montehalcones
Parcela 19. Benahavís. Málaga. ES
Sup. planta alta: 163,97 m²
Sup. planta baja: 379,12 m²
Sup. planta sótano: 52,50 m²
Sup. parcela: 2.200 m²
Sup. total const.: 595,59 m²

Vivienda Unifamiliar MH19

Montehalcones complex
Plot 19. Benahavís. Málaga. ES
Upper floor area: 163.97 m²
Ground floor area: 379.12 m²
Basement floor area: 52.50 m²
Plot size: 2,200 m²
Total built area: 595.59 m²

F   G   H   I   J

80%

80%

60%

60%

60%

60%

172.00
−0.15

151

Situada en lo alto de una loma en la urbanización Montehalcones, en Benahavís, esta casa ha sido concebida para aprovechar la salida de vistas sobre la piscina, a través del valle y rematando en el mar.

Se accede por la zona central de la vivienda, donde el colofón son las magníficas vistas a través de la zona de estar exterior, un porche que une los dos volúmenes de la casa. A un lado de este se proyectan las zonas vivideras de la casa, y del otro lado se distribuyen las habitaciones. Coronando estos dos volúmenes hay dos cubiertas a cuatro aguas con habitaciones y un estudio abuhardillado, que generan espacios de doble altura cuyos interiores dan la impresión de generosidad espacial.

Situated on a hill in the Montehalcones complex in Benahavís, this home was designed to maximise the views over the pool, through the valley and ending at the sea.

Walking in through the central area, we come to the main feature: the magnificent views from the porch, an outdoor seating area that connects the two volumes of the house. The house's living areas were placed on one side of it and the bedrooms on the other. Crowning these two volumes are two hipped roofs with bedrooms and an attic study, creating double-height spaces that give the interiors an impression of spatial generosity.

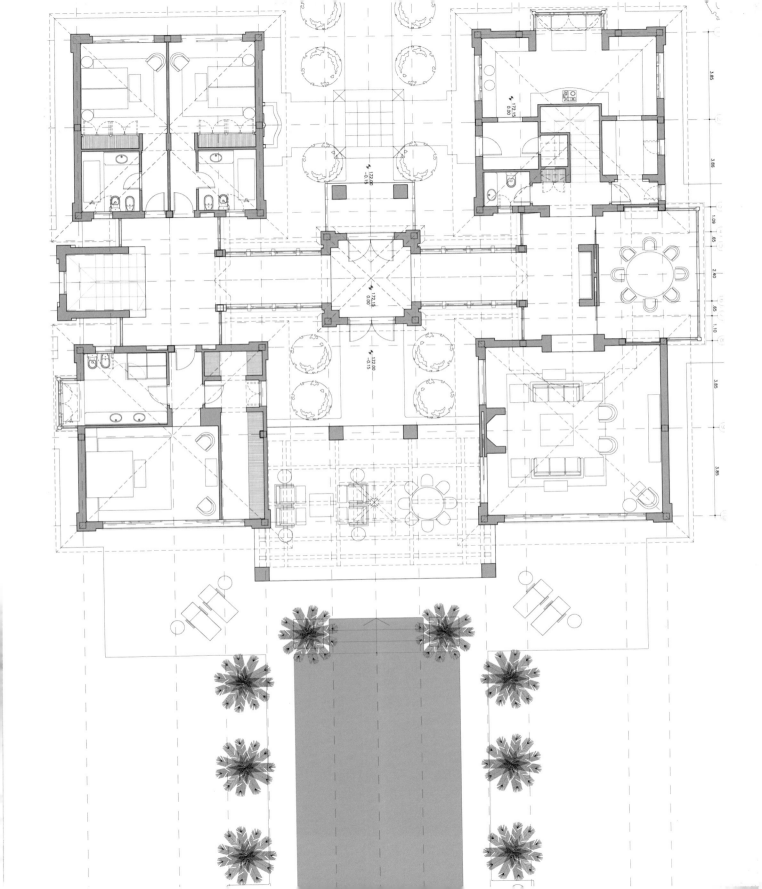

#04 AR-MH29

Vivienda Unifamiliar MH29

Urbanización Montehalcones
Parcela 29. Benahavís. Málaga. ES
Sup. planta alta: 136,69 m²
Sup. planta baja: 453,04 m²
Sup. planta sótano: 524,20 m²
Sup. parcela: 2.080,80 m²
Sup. total const.: 1.113,93 m²

Vivienda Unifamiliar MH29

Montehalcones complex
Plot 29. Benahavís. Málaga. ES
Upper floor area: 136.69 m²
Ground floor area: 453.04 m²
Basement floor area: 524.20 m²
Plot size: 2,080.80 m²
Total built area: 1,113.93 m²

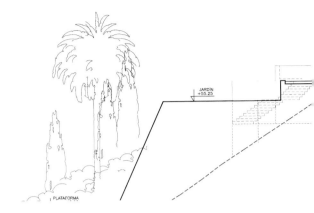

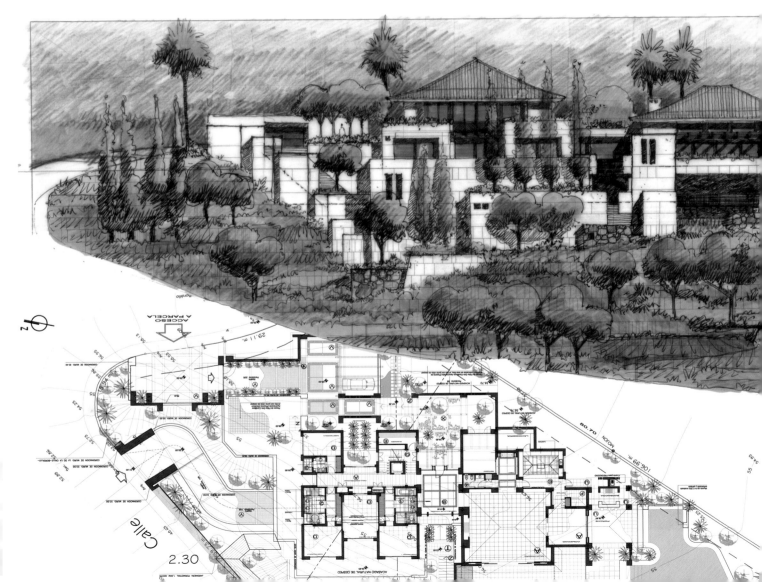

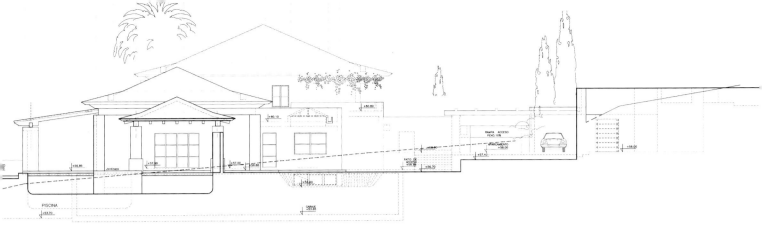

#04**AR-MH29**

Esta casa se sitúa sobre una loma de la urbanización Montehalcones, en el término de Benahavís. La casa se levanta sobre una serie de muros de contención, los cuales se integran en la planta baja creando un basamento firme donde se alternan los sólidos y los huecos, conformando distintos espacios interiores y exteriores.

Sobre esta base se proyecta una edificación más ligera con volúmenes separados entre sí e integrados mediante cubiertas inclinadas que, junto con grandes aperturas, actúan como contrapunto y suavizan la volumetría superior, manteniendo la consonancia y la proporción entre la volumetría global.

This house is situated on a hill in the Montehalcones complex, in Benahavís. The house sits on a number of retaining walls integrated into the ground floor, creating a strong foundation where solidity and voids alternate, creating distinct indoor and outdoor spaces.

Over this foundation, a lighter building is projected with separate volumes integrated by pitched roofs, together with large windows which act as counterpoints and soften the upper volume whilst maintaining consistency and proportion in the volume as a whole.

#05**AR-CBVJ**

Vivienda Unifamiliar CBVJ
Urbanización Cortijo Blanco
Marbella. Málaga. ES
Sup. planta alta: 162,83 m²
Sup. planta baja: 207,57 m²
Sup. planta sótano: 106 m²
Sup. parcela: 1.482,91 m²
Sup. total const.: 476,40 m²

Vivienda Unifamiliar CBVJ
Cortijo Blanco complex
Marbella. Málaga. ES
Upper floor area: 162.83 m²
Ground floor area: 207.57 m²
Basement floor area: 106 m²
Plot size: 1,482.91 m²
Total built area: 476.40 m²

Este proyecto fue de un interés particular, ya que el cliente es mexicano y compartía con el equipo redactor su admiración por la arquitectura de Luis Barragán, por lo que esta inspiración se volvió un componente esencial en el diseño.

Desarrollado en la urbanización Cortijo Blanco, y debido al carácter semiurbano de la zona, se ha puesto especial énfasis en el interior, generando espacios exteriores y patios contenidos por la misma arquitectura, aislándola del exterior. La volumetría de la edificación y su sucesión así como la terminación de los muros nos traslada la esencia de la arquitectura mexicana.

This project was of particular interest because the client is Mexican and shared the team's admiration for the architecture of Luis Barragán. This inspiration became an essential component of the design.

This home was developed in the Cortijo Blanco complex, and due to the semi-urban nature of the area, special emphasis was given to the interior, generating exterior spaces and courtyards enclosed by the architecture itself, isolating it from the outside. The volume and succession of the building as well as the wall finishes evoke the essence of Mexican architecture.

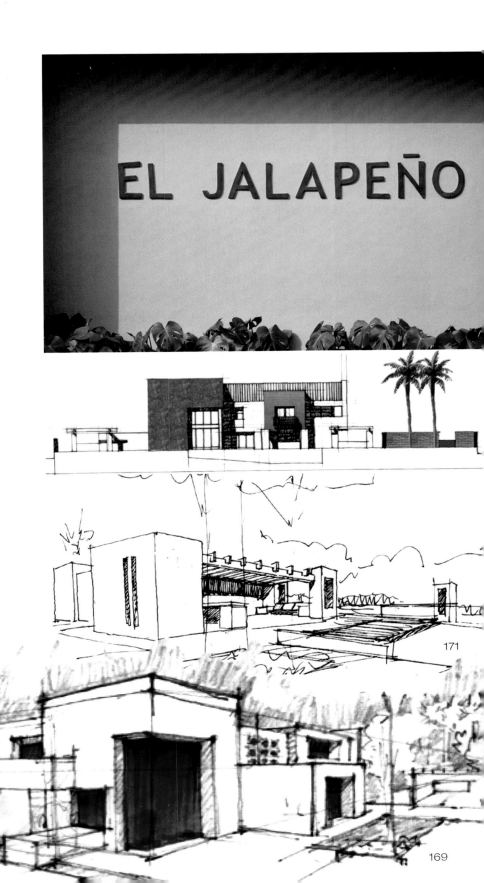

171

169

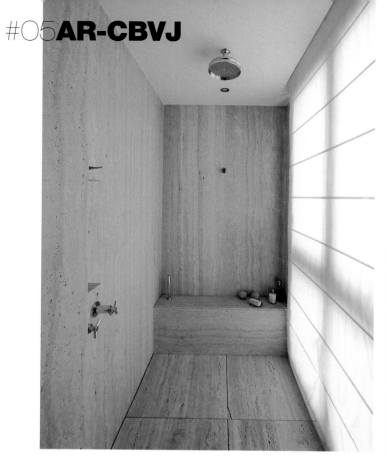

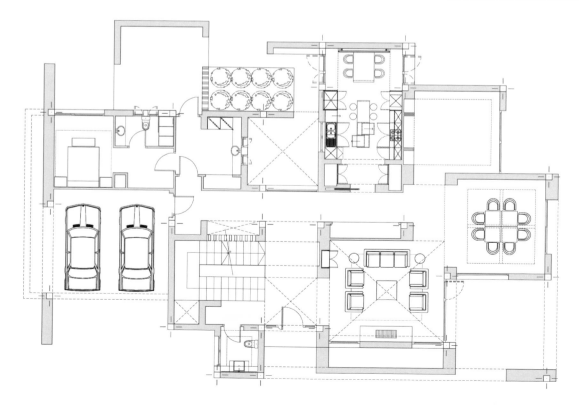

#06AR-LF72

Vivienda Unifamiliar LF72
Urbanización Los Flamingos
Parcela 72. Benahavís. Málaga. ES
Sup. planta alta: 62,67 m²
Sup. planta baja: 220,78 m²
Sup. planta sótano: 251,09 m²
Sup. parcela: 2.000 m²
Sup. total const.: 534,54 m²

Vivienda Unifamiliar LF72
Los Flamingos complex
Plot 72. Benahavís. Málaga. ES
Upper floor area: 62.67 m²
Ground floor area: 220.78 m²
Basement floor area: 251.09 m²
Plot size: 2,000 m²
Total built area: 534.54 m²

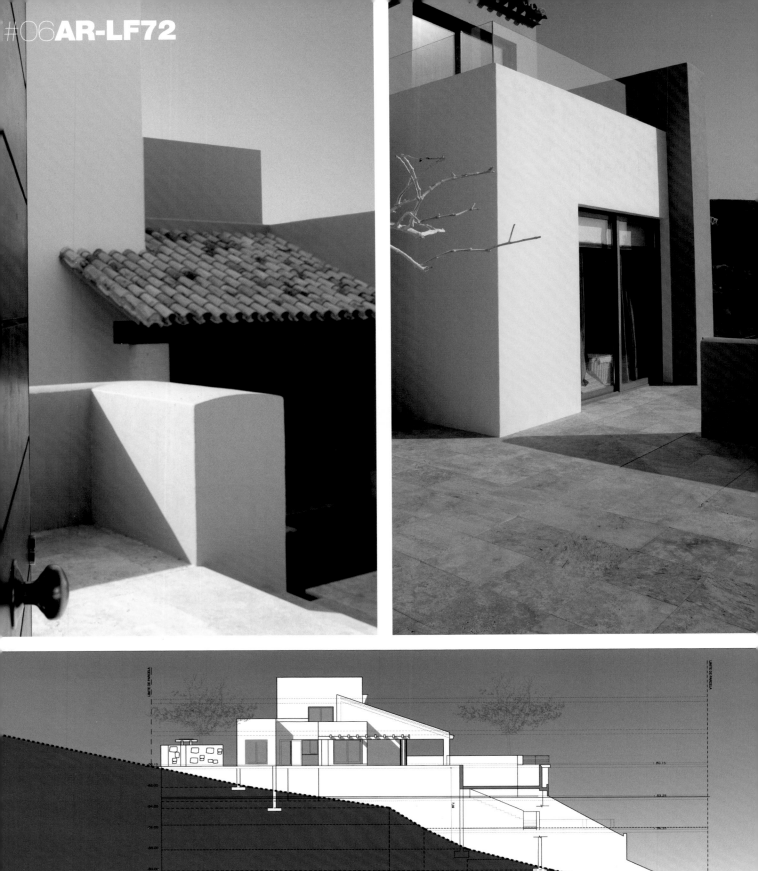

La casa, desarrollada en la urbanización Los Flamingos de Benahavís, ha sido un ejercicio de composición volumétrica muy interesante.

El desarrollo de esta vivienda se basa en una composición de volúmenes intercalados que crean una sucesión de cuerpos que conforman los distintos espacios. Estos se extienden como plataformas y espacios vivideros exteriores que se integran entre sí.

Al crear los espacios exteriores mediante muros y pérgolas e integrarlos en la propia volumetría de la casa se logra una gran sensación de espacio, necesaria dada la reducida superficie de actuación de la parcela resultante al tener que crear plataformas sobre un gran muro ecológico.

This house, developed at Los Flamingos complex, in Benahavís, has been a very interesting exercise in volumetric composition.

The development of this property is based on a composition of volumes interspersed with each other to create a succession of bodies that make up the various spaces. These serve as integrated platforms and outdoor living spaces.

Creating outdoor spaces with walls and pergolas and integrating them into the volumes of the house achieves a great sense of space, which was essential due to the small size of the useful area of the plot as a result of the need to create platforms on a large green wall.

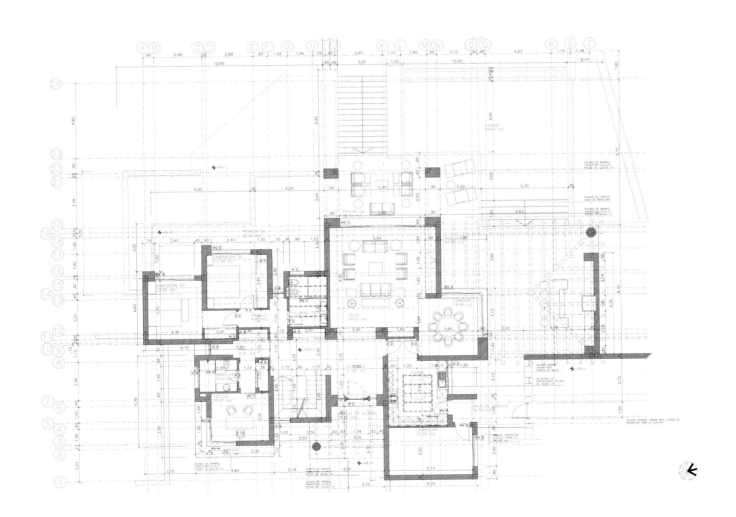

#07 AR-MCCV

Vivienda Unifamiliar MCCA
Avenida de las Torres
Urbanización Marbella Club
Marbella. Málaga. ES
Sup. planta alta: 302,74 m²
Sup. planta baja: 357,04 m²
Sup. planta sótano: 357,35 m²
Sup. parcela: 2.224 m²
Sup. total const.: 1.017,13 m²

Vivienda Unifamiliar MCCA
Avenida de las Torres
Marbella Club complex
Marbella. Málaga. ES
Upper floor area: 302.74 m²
Ground floor area: 357.04 m²
Basement floor area: 357.35 m²
Plot size: 2,224 m²
Total built area: 1,017.13 m²

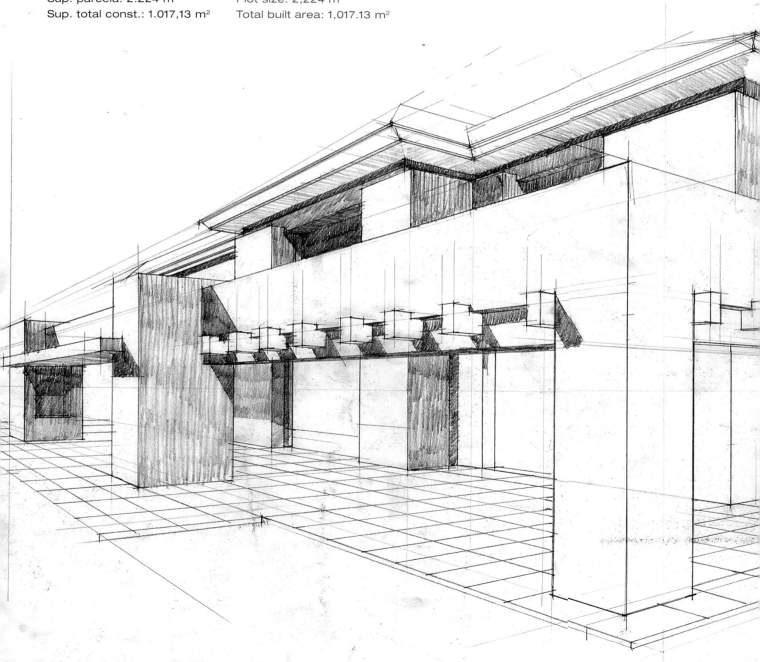

Esta vivienda se halla situada en la urbanización Marbella Club, en la Milla de Oro de dicha ciudad. Debido a la ubicación de la parcela, rodeada por otras viviendas, se opta por unificar todas las dependencias en un solo volumen y enfatizar el diseño del entorno del resto de la parcela, creando salidas de vistas, remates, espacios y recorridos contenidos y enmarcados.

La casa, de líneas sobrias, está desarrollada en dos plantas. La planta alta retranquea dando una sensación de ligereza con respecto a la planta inferior, que se extiende creando un gran porche perimetral que propicia la vida en el exterior. La planta alta está coronada con una gran cubierta inclinada que suaviza las líneas y aparece como un elemento suspendido y ligero al hacer que los muros de cerramiento no lleguen a ella.

This house is situated on the Marbella Club complex in the city's Golden Mile. Because of the location of the plot, surrounded by other houses, we chose to unify all the buildings in a single volume and emphasise the environmental design of the rest of the plot, creating viewing points, finishes, spaces and pathways that are both contained and bordered.

The house, with its sober lines, is built on two floors. The upper floor is recessed, giving a feeling of lightness to the lower floor, which extends via a large porch that facilitates outdoor living. The upper floor is crowned by a large sloping roof that smoothes the lines and appears as a suspended lightweight element because the enclosure walls do not reach it.

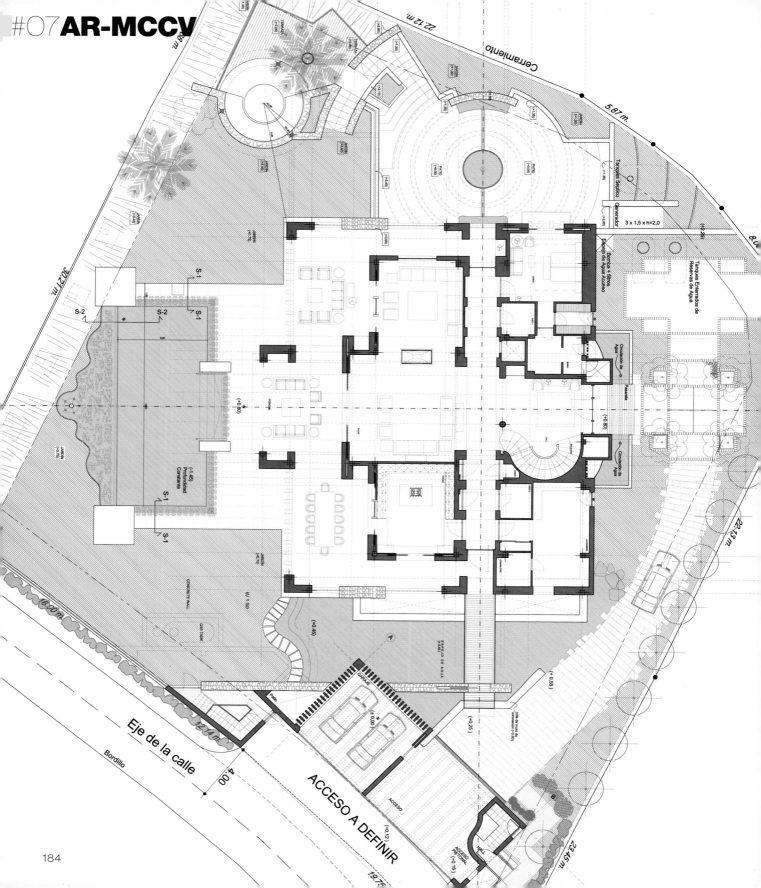

#08**AR-SC10**

Vivienda Unifamiliar SC10
Parcela 1, Rua Loural
Santa Cruz de Oleiros. A Coruña. ES
Sup. planta alta: 151,39 m²
Sup. planta baja: 163 m²
Sup. planta sótano: 97,52 m²
Sup. parcela: 1.786,75 m²
Sup. total const.: 411,91 m²

Vivienda Unifamiliar SC10
Plot 1, Rua Loural
Santa Cruz de Oleiros. A Coruña. ES
Upper floor area: 151.39 m²
Ground floor area: 163 m²
Basement floor area: 97.52 m²
Plot size: 1,786.75 m²
Total built area: 411.91 m²

Esta casa, situada en Santa Cruz de Oleiros, fue proyectada siguiendo una arquitectura contemporánea de líneas y volúmenes sencillos en los cuales se integraron elementos de recuperación de una antigua casa familiar de principios del siglo XIX.

El objetivo fue diseñar una casa cuya riqueza estuviera en la calidad de sus espacios y no en unos materiales excesivamente caros. Los niveles, las alturas y las formas de las cubiertas dan un movimiento a la arquitectura y una personalidad distinta a cada uno de los volúmenes que componen la villa.

This house, located in Santa Cruz de Oleiros, was designed following a contemporary architecture style with simple lines and volumes in which elements that had been brought in from the restoration of an old early-nineteenth century family home were integrated.

The objective was to design a house whose wealth was in the quality of its spaces rather than in overpriced materials. The levels, heights and shapes of the roofs confer movement on the architecture and a distinct personality to each of the volumes that make up the villa.

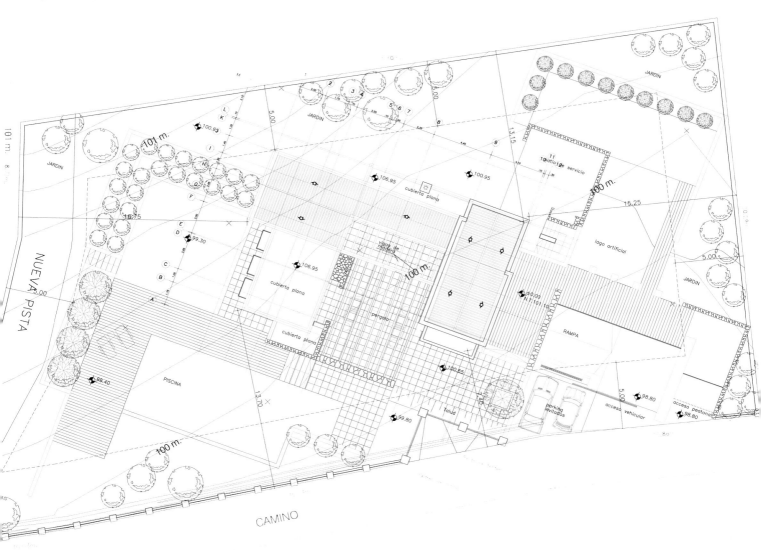

#09**AR-MH22**

Vivienda Unifamiliar MH22
Urbanización Montehalcones
Parcela 22.Benahavís. Málaga. ES
Sup. planta alta: 112,04 m²
Sup. planta baja: 358,33 m²
Sup. planta sótano: 475,55 m²
Sup. parcela: 2.004 m²
Sup. total const.: 945,92 m²

Vivienda Unifamiliar MH22
Montehalcones complex
Plot 22. Benahavís. Málaga. ES
Upper floor area: 112.04 m²
Ground floor area: 358.33 m²
Basement area: 475.55 m²
Plot size: 2,004 m²
Total built area: 945.92 m²

PATIO EN
BASALTO + CANTOS RODADOS
VER DETALLE

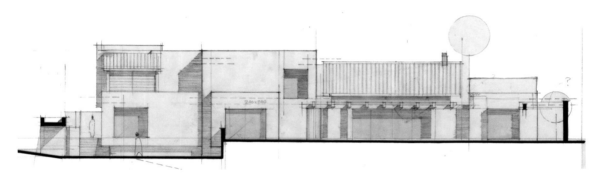

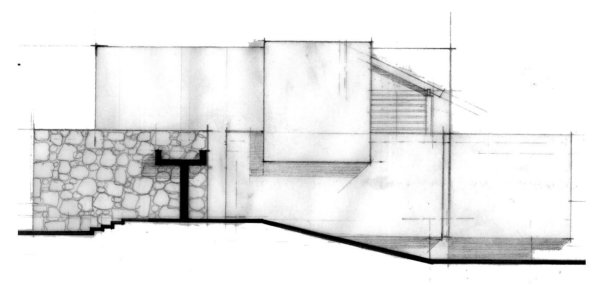

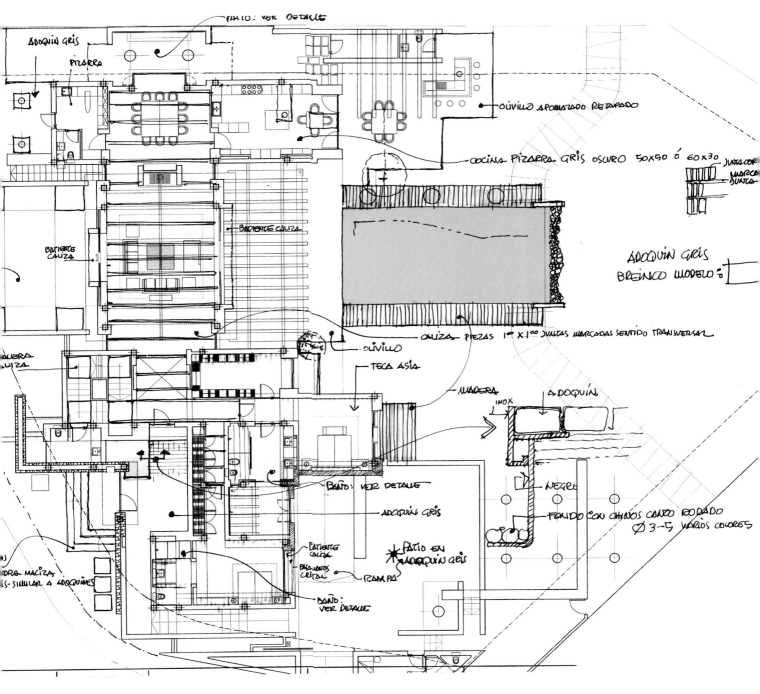

ADOQUÍN GRIS

PIZARRA

PATIO: VER DETALLE

OLIVILLO APOMAZADO RETAPADO

COCINA PIZARRA GRIS OSCURO 50x50 ó 60x30

JUNTA COR MARCA JUNTA

ADOQUÍN GRIS
BREINCO MODELO °

BATIENTE CALIZA

BATIENTE CALIZA

CALIZA PIEZAS 1ᵐ x 1ᵐᵐ JUNTAS MARCADAS SENTIDO TRANSVERSAL

OLIVILLO

TECA ASIA

QUERA LIZA

MADERA

ADOQUÍN

INOX

NEGRO

BAÑO: VER DETALLE

ADOQUÍN GRIS

PDRA MACIZA
S - SIMILAR A ADOQUINES

FONDO CON CHINOS CANTO RODADO
Ø 3-5 VARIOS COLORES

BATIENTE
CALIZA

PASAMANOS
CRISTAL

RAMPA

PATIO EN
ADOQUÍN GRIS

BAÑO:
VER DETALLE

199

Este proyecto se desarrolla sobre una parcela de 2.500 m² en la urbanización Montehalcones, en Benahavís. La casa está proyectada en dos zonas principales integradas mediante un gran espacio en doble altura con un puente que comunica estas dos zonas.

Se desarrolla una zona donde se realiza la vida familiar y social en la que priman los grandes espacios y las alturas comunicadas visual y físicamente. El salón, bajo una cubierta a dos aguas de madera, se abre hacia el porche, la piscina y el jardín, integrando el espacio exterior y el interior; por el otro lado se abre hacia un patio creando un retiro interior.

Otro aspecto de este proyecto son las habitaciones, en las que se crean grandes espacios y salidas de vistas a través de patios para lograr intimidad en cada habitación. De volumetría sólida y limpia, se integran con los muros de cerramiento de parcela, haciéndolos parte de la casa y creando sus propios espacios contenidos y abiertos, sus recorridos y sus remates visuales para integrar todas las partes en una unidad.

This project was carried out on a plot of land measuring 2,500 m² in the Montehalcones complex, in Benahavís. The house is designed around two main areas which are connected by a bridge in a large double-height space.

There is an area for social and family life that prioritises large spaces and visually and physically connected heights. Under a wooden pitched roof, the living room opens out onto the porch, the pool and the garden, integrating indoor and outdoor. The other side opens out onto a courtyard, creating an interior retreat.

Another aspect of this project is the bedrooms, which are created in large spaces with views over the courtyards to provide each room with privacy. With a solid, streamlined volume, the building incorporates the perimeter walls of the plot into the house, creating their own closed and open spaces, corridors and finishing touches that integrate all the parts into one unit

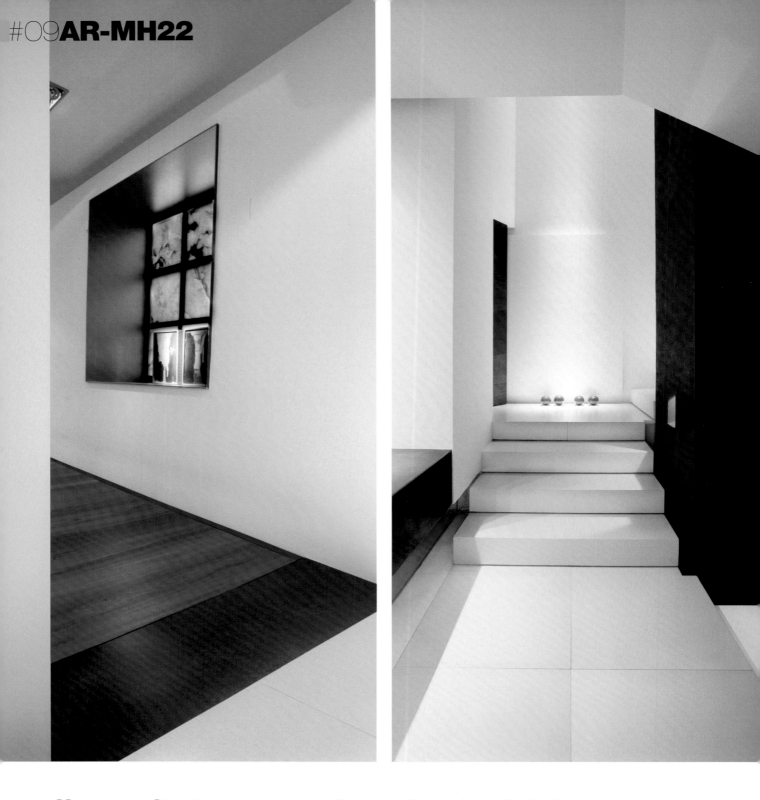

«Una arquitectura para verla con los ojos del alma»

"Architecture to look at with the eyes of the soul"

#11**AR-LQSB7**

Vivienda Unifamiliar LQSB7
Urbanización La Quinta de Sierra Blanca
Marbella. Málaga. ES
Descripción: vivienda unifamiliar
Superficie: 2.468,90 m²
Año: 2010

Vivienda Unifamiliar LQSB7
La Quinta de Sierra Blanca complex
Marbella. Málaga. ES
Description: single-family house
Area: 2,468.90 m²
Year: 2010

#12**AR-BMNT**

Vivienda Unifamiliar BMNT
Sant Andreu de Llavaneres. Barcelona. ES
Descripción: vivienda unifamiliar aislada
Sup. parcela: 3.621 m²
Sup. total const.: 656,65 m²
Año: 2010

Vivienda Unifamiliar BMNT
Sant Andreu de Llavaneres. Barcelona. ES
Description: detached single-family house
Plot size: 3,621 m²
Total built area: 656.65 m²
Year: 2010

Esta vivienda está situada en un paraje boscoso de Llavaneres cuya vegetación ya dota de carácter a la casa. Para este proyecto que empezó como reforma, se acabó demoliendo íntegramente la construcción existente y recomenzando el proyecto de cero y con su propia esencia.

En la arquitectura se han creado volúmenes que se integran con los materiales, inspirados por su localización, generando una buena armonía entre ellos, y en todo su conjunto se han seguido líneas contemporáneas que mantienen siempre una proporción y un aspecto suave y agradable que a la vez provoca sensaciones contundentes.

Los interiores fueron concebidos como espacios limpios y abiertos pero de gran calidez. Todos los elementos decorativos fueron escogidos especialmente para la estancia donde están ubicados y fueron seleccionados junto con los propietarios, lo cual es fundamental para lograr esa sensación de hogar.

This dwelling is located in a wooded area in Llavaneres (Barcelona, Spain) with a particular vegetation that gives character to the house. For this project, that began only as a remodelling, it was decided to completely demolish the existing building and restart the construction from scratch offering its own essence.

The architectural volumes, inspired by the location of the house, are integrated with vernacular materials, generating good harmony between them. Contemporary architectural lines were followed, lines that always keep proportion and a soft and pleasant touch to the rough structure.

The interiors were designed as open spaces but still warm and cozy. All decoration elements were especially choosen for each room together with the owners; this is essential to achieve that feeling of home.

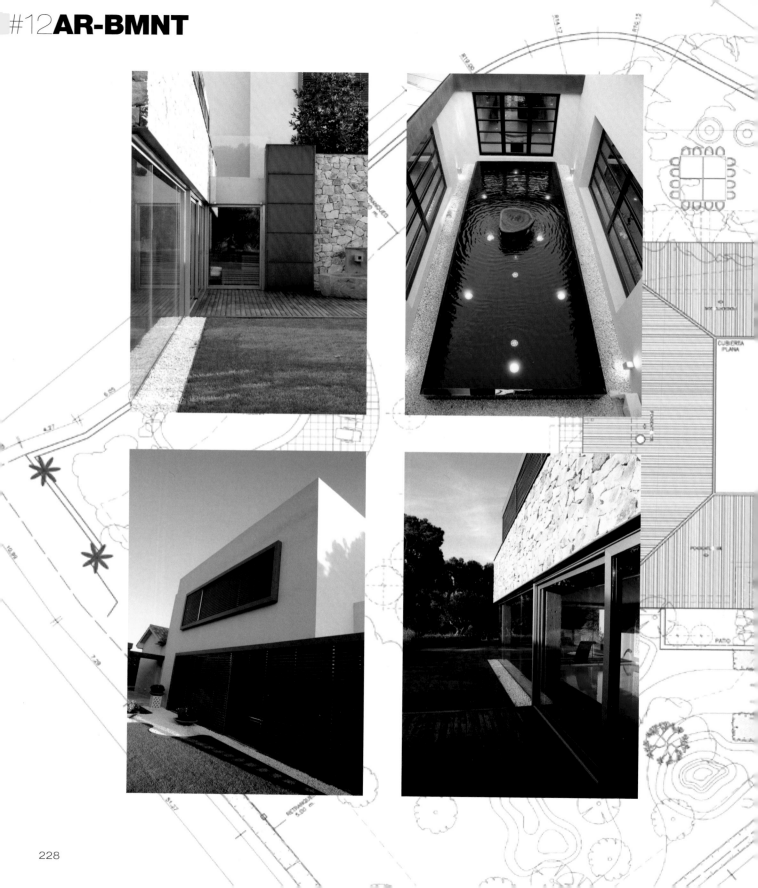

#13AR-LZH17

Vivienda Unifamiliar LZH17
Urbanización La Zagaleta
Benahavís. Málaga. ES
Descripción: vivienda unifamiliar
Sup. planta alta: 363,56 m²
Sup. planta baja: 615,92 m²
Sup. planta sótano: 959,27 m²
Sup. total const.: 1.938,75 m²
Año: 2010

Vivienda Unifamiliar LZH17
La Zagaleta complex
Benahavís. Málaga. ES
Description: single-family house
Upper floor area: 363,56 m²
Ground floor area: 615,92 m²
Basement floor area: 959,27 m²
Total buil area: 1.938,75 m²
Year: 2010

En una ladera de la urbanización La Zagaleta se ubica esta casa, resultado de una experiencia ambiciosa que requirió un enfoque adecuado, firme y bien estructurado. Se conjugaron vanguardia y clasicismo, una arquitectura sólida y transparente que toma los elementos fundamentales de la arquitectura andaluza adaptándola a conceptos más contemporáneos y generando una interacción entre naturaleza y arquitectura.

This home perches on a hillside of La Zagaleta complex and is the result of an ambitious experiment that required a suitable, solid and well structured approach. Avant-garde and classicism were combined to form a strong and transparent architecture that takes the fundamental elements of Andalusian architecture, adapts them to more contemporary concepts and yields an interaction between nature and architecture.

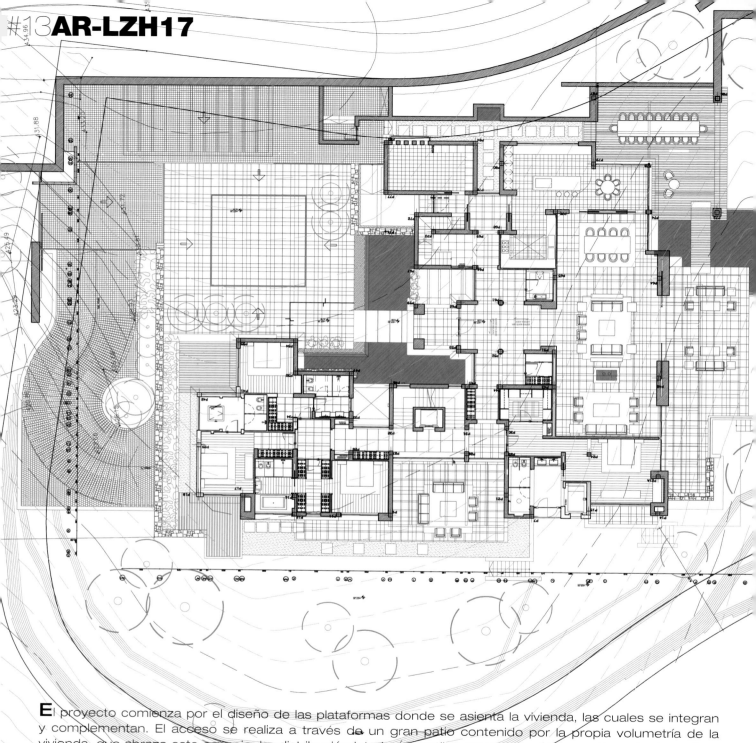

E l proyecto comienza por el diseño de las plataformas donde se asienta la vivienda, las cuales se integran y complementan. El acceso se realiza a través de un gran patio contenido por la propia volumetría de la vivienda, que abraza este espacio. La distribución interior se realiza creando una separación entre las estancias de vida en familia y las de vida más íntima, como son las habitaciones. Estos espacios se interrelacionan mediante aperturas internas y conexiones visuales a través de patios y zonas ajardinadas. Desde el salón y el comedor, ambos en doble altura, se conecta visualmente –y a través de muros, estanques y paisajismo– con una gran zona de porche exenta de la vivienda donde se hace vida en el exterior, conectada a su vez con la piscina, diseñada con formas geométricas integradas en la arquitectura y el entorno.

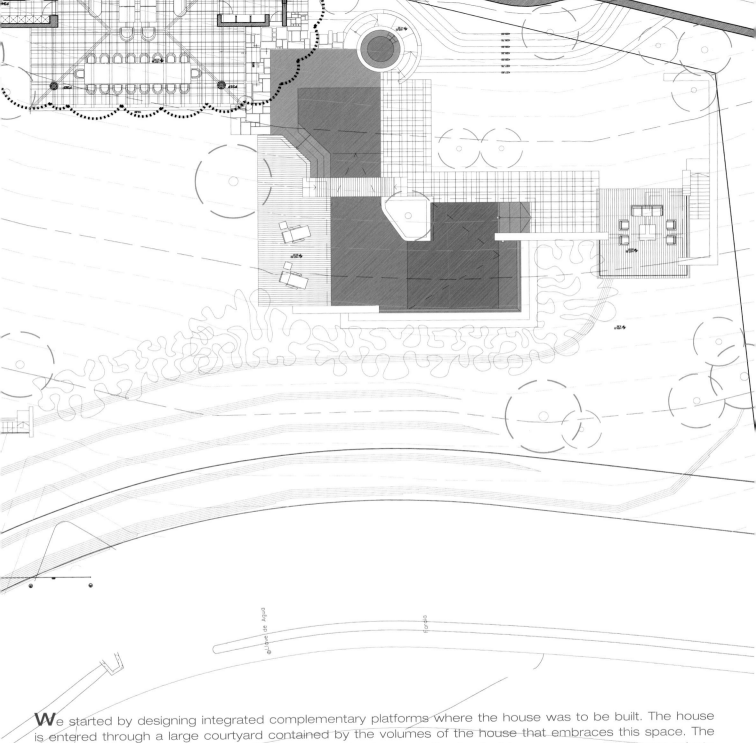

We started by designing integrated complementary platforms where the house was to be built. The house is entered through a large courtyard contained by the volumes of the house that embraces this space. The interior layout was designed by creating a separation between the family living spaces and the more private spaces, such as the bedrooms. These spaces are interconnected through internal openings and visual connections through courtyards and gardens. There is a visual connection between the double-height living and dining rooms and a porch area for outdoor living. This was achieved with the use of walls, ponds and landscaping and is, in turn, connected to the pool, which is designed with geometric shapes integrated into the architecture and the environment.

233

«**Aprender a mirar la arquitectura a través del diálogo que se establece entre ella y su entorno**»

"Learning to observe architecture through the dialogue
established between it and its environment"

Vivienda Unifamiliar LZH24
Urbanización La Zagaleta
Benahavís. Málaga. ES
Descripción: vivienda unifamiliar
Sup. planta alta: 446 m²
Sup. planta baja: 590 m²
Sup. planta sótano: 976,60 m²
Sup. total const.: 2.012,60 m²
Año: 2011

Vivienda Unifamiliar LZH24
La Zagaleta complex
Benahavís. Málaga. ES
Description: single-family house
Upper floor area: 446 m²
Ground floor area: 590 m²
Basement floor area: 976,60 m²
Total built area: 2.012,60 m²
Year: 2011

Este proyecto se encuentra en una parcela de la zona central de la urbanización La Zagaleta, en Benahavís. La parcela se encuentra en una situación predominante que favorece la ubicación de la vivienda con orientación suroeste, con lo que se logran unas vistas interrumpidas sobre el campo de golf de La Zagaleta que llegan al estrecho de Gibraltar. El diseño de esta casa sigue las pautas de una arquitectura de tendencia más clásica, contemporizando sus líneas y su volumetría para producir una arquitectura sobria y elegante.

La distribución de los espacios parte de un centro muy marcado, que es un gran patio interior de doble altura cubierto por un gran lucernario. En el vestíbulo de acceso abierto al patio se proyectó una gran escalera curva que otorga movimiento y un contrapunto visual a la linealidad dominante. Desde este vestíbulo tenemos un recorrido visual que pasa por el patio y atraviesa el gran salón, el jardín y acaba en la piscina, que nos delinea el horizonte con el estrecho de Gibraltar.

Todas las estancias de vida familiar y social están directamente comunicadas y pueden ser compartimentadas para crear diferentes tipos de escenarios y sensaciones. Las dependencias privadas están distribuidas de tal manera que se logra la intimidad necesaria y que cada una dentro de su independencia tenga la sensación de espacialidad que se alcanza en todo el conjunto. El sótano fue diseñado como una parte principal de la casa, creando espacios de vida social con aperturas puntuales.

This house is located on a plot in the central area of La Zagaleta complex, in Benahavís. The plot is in a dominant position, which favours its south-west facing location, with uninterrupted views over La Zagaleta golf course and as far as the Strait of Gibraltar. The design of this house follows the patterns of more classic architecture, but making the lines and volumes more contemporary to produce a sober, elegant architecture.

The spatial distribution is based on a well-defined centre: a large double-height courtyard covered by a large skylight. The entrance hall, which opens out onto the courtyard, has a curved staircase that provides move-ment and a visual counterpoint to the predominant linearity. From this hall, we take a visual journey through the courtyard and the great hall, and the garden, ending at the pool, which frames the horizon with the Strait of Gibraltar.

All family and social rooms are directly connected and can be divided to create different rooms and sensations. Private rooms are laid out to achieve the required privacy and to ensure that each has a sense of spa-ciousness whilst retaining its independence. The basement was designed as the main part of the house, creating social living spaces with windows and doors.

The landscape design forms a crucial part of the ensemble; without it the complete project would be impossible to understand. On this occasion, we had the opportunity to implement the design down to the smallest details and choose the materials ourselves, which enabled the creation of a comprehensive design in which each element can be understood as a fundamental piece of the whole.

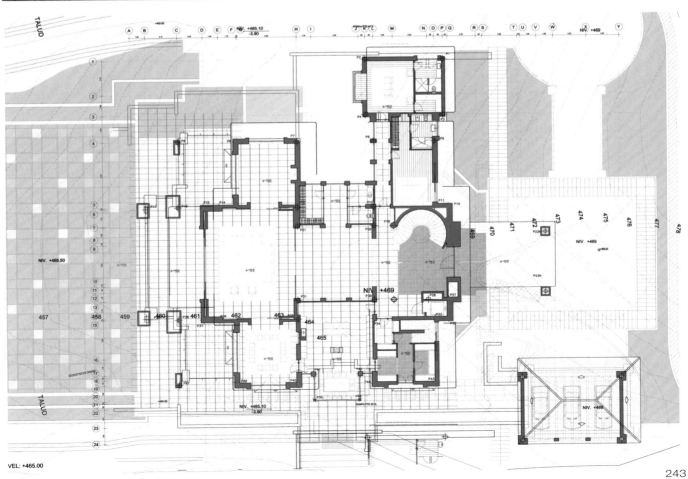

243

«Una obra de arquitectura debe ser siempre
agradable a la vista y amable de habitar.»

"An architectural project should always be pleasing to the eye and pleasant to live in."

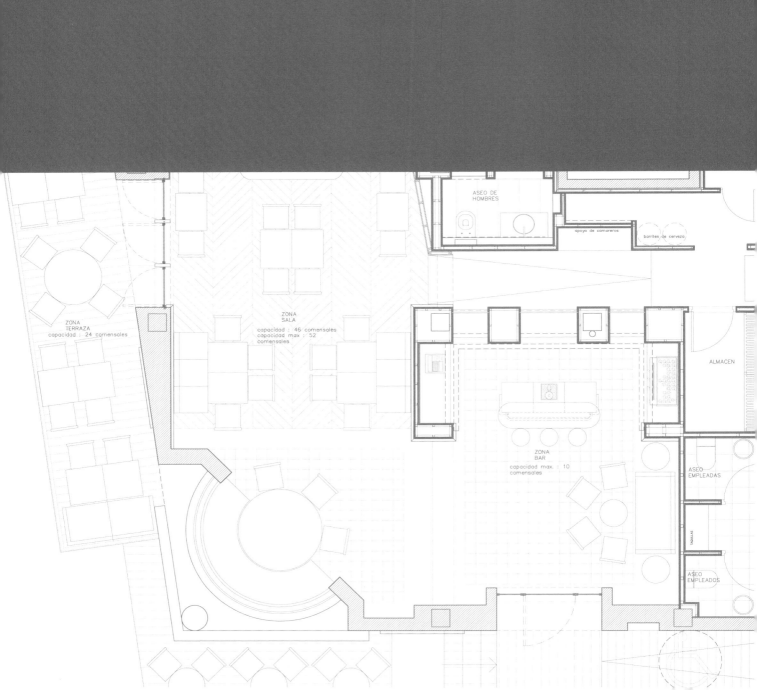

ZONA
TERRAZA
capacidad : 24 comensales

ZONA
SALA

capacidad : 46 comensales
capacidad max : 52
comensales

ASEO DE
HOMBRES

apoyo de camareros

barriles de cerveza

ALMACEN

ZONA
BAR

capacidad max. : 10
comensales

ASEO
EMPLEADAS

ASEO
EMPLEADOS

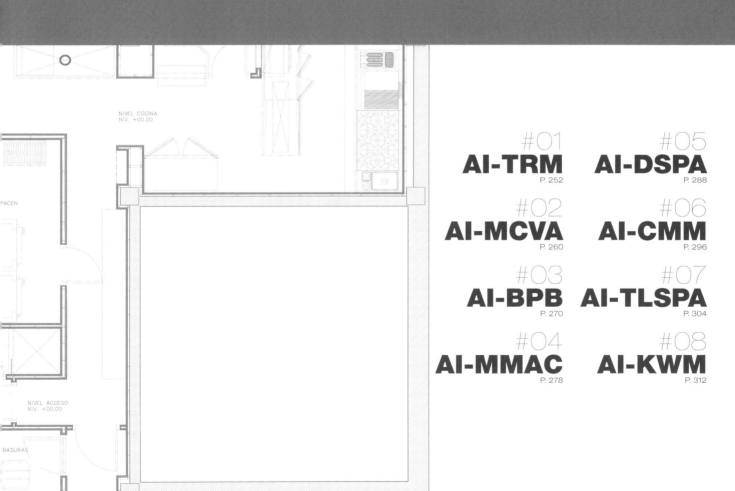

ARQUITECTURA INTERIOR
INTERIOR ARCHITECTURE

NIVEL COCINA
NIV. +00.00

ACEN

NIVEL ACCESO
NIV. +00.00

BASURAS

«INTUICIÓN, COMPRENSIÓN, LA BÚSQUEDA DE LAS EMOCIONES»

No podemos dejar al margen de esta presentación algo que para el Estudio MS es esencial y se integra en los proyectos como una actividad mucho más que complementaria: el diseño de interiores.

Es aquí donde nos atreveríamos a decir que la dimensión humana cobra el mayor protagonismo, pues es este aspecto de los proyectos el que más nos pone en contacto con el morador y más nos acerca a él al tratar de satisfacer su deseo y su necesidad de sumergirse en una atmósfera convertida en refugio, en agradable sorpresa frente a la rutina y lo cotidiano, en definitiva, en el anhelo de construir un hogar.

Nos esforzamos –es nuestro deber– en buscar nuevos lenguajes que nos introduzcan en el confort y el bienestar, en crear espacios únicos, ya sea para morar, visitar, trabajar o, simplemente, disfrutar del ocio y la comunicación con otras personas.

Para conseguir ambientes singulares una vez interpretada la arquitectura existente y los condicionantes externos (luz, paisaje, climatología, uso específico), es fundamental la correcta utilización de los materiales y las texturas, de la luz, la sombra y el color, la perfecta modulación de la geometría y la proporción, el elaborado cuidado del detalle y la perfecta interpretación de las necesidades del usuario final para que el proyecto sea equilibrado y funcional en la misma proporción de su belleza plástica.

We cannot omit interior design from this showcase; a key part of a project for Estudio MS, an activity that is much more than complementary.

This is where we dare say that the human dimension is at its most prominent. This aspect of the project is the one that gives us the most contact with and brings us closer to the inhabitants in an attempt to satisfy their wishes and the need to immerse themselves in an atmosphere that feels like a refuge, a pleasant contrast to the everyday and the routine, and ultimately satisfies the desire to create a home.

We strive, as is our duty, to seek new languages that will bring comfort and wellbeing; creating unique spaces for living, visiting, working or simply enjoying leisure time and interaction with others.

In order to create unique environments after having interpreted the existing architecture and external conditions (light, landscape, climate and specific use), the proper use of materials and textures, light, shadow and colour is essential, as is perfect geometric modulation and proportion. Elaborate attention to detail is also essential, as well as the perfect interpretation of the needs of the end users to ensure that the project is balanced and functional in proportion to its aesthetic beauty.

"INTUITION, INSIGHT, THE PURSUIT OF EMOTIONS"

#01**AI-TRM**

TRM (TR)
Urbanización Torre Real
Marbella. Málaga. ES
Descripción: reforma de apartamento
Sup. total const.: 570 m²
Año: 2012

TRM (TR)
Torre Real complex
Marbella. Málaga. ES
Description: apartment remodelling
Total built area: 570 m²
Year: 2012

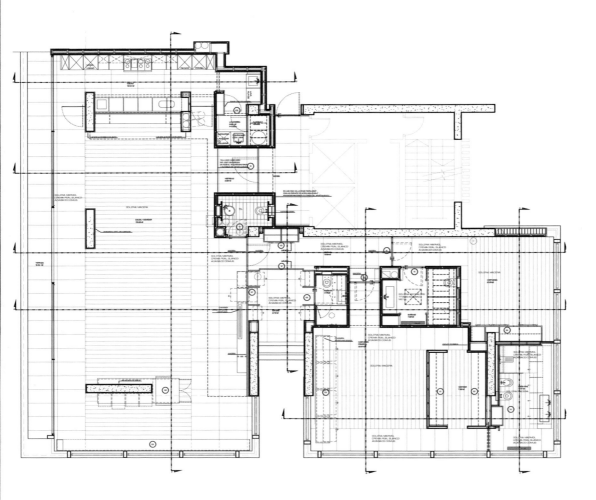

Este proyecto se llevó a cabo en la planta 19 del Edificio Diana, en la urbanización Torre Real, una construcción emblemática de la ciudad de Marbella que data del año 1973. Es un encargo de arquitectura interior y decoración integral. En su origen, se trataba de cuatro apartamentos que en esta intervención se han reconvertido en un apartamento principal que ocupa un 60% de la superficie de la planta y en un apartamento de vacaciones construido sobre el 40% restante. Ambos suman un total de 600 m² edificados, además de las superficies comunes y los aparcamientos.

Se ha tenido especial cuidado con el aislamiento total de las dos propiedades, cosa que se ha logrado con una carpintería de aluminio de última generación y doble acristalamiento con cámara de aire. Igualmente se ha prestado una gran atención a las instalaciones de agua, electricidad y aire acondicionado, domotizando todos los sistemas.

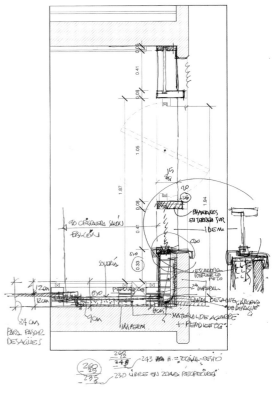

This project was carried out in the Torre Real complex, on the 19th floor of the emblematic Diana Building in the city of Marbella, which dates from 1973. It was a comprehensive decoration and interior architecture project. Originally, there were four apartments that had been converted into one large apartment, which occupied 60% of the space, and a holiday apartment on the remaining 40%. These added up to a built area of 600 m², in addition to the communal areas and parking.

Special care was taken with the total insulation of the two properties, using the latest aluminium frames and double glazing with air chambers. Equally careful attention was paid to the water supply, electricity and air conditioning, all of which have been automated.

Finalmente, y como actuación integral, podríamos describir el amueblamiento y la decoración con un estilo urbano que ha dado cabida a diferentes obras de arte de propiedad en un ambiente cosmopolita.

Finally, as a comprehensive action, urban style furnishings and decor were used to create a cosmopolitan atmosphere in which various works of art belonging to the owner are displayed.

#02**AI-MCVA**

Vivienda Unifamiliar MCVA
Avenida de las Torres
Urbanización Marbella Club
Marbella. Málaga. ES
Sup. planta alta: 275,74 m²
Sup. planta baja: 434,03 m²
Sup. parcela: 6.119 m²
Sup. total const.: 709,77 m²

Vivienda Unifamiliar MCVA
Avenida de las Torres
Marbella Club complex
Marbella. Málaga. SP
Upper floor area: 275.74 m²
Ground floor area: 434.03 m²
Plot size: 6,119 m²
Total built area: 709.77 m²

La reforma realizada en esta villa ha consistido en una intervención global en los interiores de dicha vivienda. Se ha realizado una distribución completamente nueva en todas las dependencias, mejorándola a través de la reordenación interna de todas las habitaciones, baños, pasillos, salones, zonas de servicio y cocina.

El estilo y el carácter que se ha logrado es una fusión de elementos de una arquitectura contemporánea intercalada con elementos clásicos, como los moldurados, los elementos de carpintería y el mobiliario. El diseño parte principalmente de la mezcla de estos dos estilos con la intención primordial de dar un aspecto y una sensación de casa vivida y con un carácter propio.

The remodelling of this villa consisted of a full interior renovation. All the rooms were completely rearranged, improving them with an internal reorganisation of the bedrooms, bathrooms, hallways, lounges, kitchen and service areas.

Style and character were achieved via a fusion of more contemporary architecture interspersed with classic elements such as mouldings, woodwork and furniture. The central theme of the design is the blend of classic and contemporary with the ultimate intention of infusing the look and feel of a lived-in home with a character of its own.

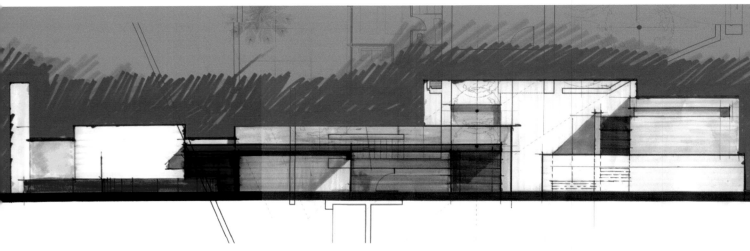

A DJ SAVED MY LIFE FROM A BROKE
NIGHT A DJ SAVED MY
NIGHT A DJ SAVED MY
TH A SON

#03**AI-BPB**

Urbanización Peña Blanca–Aloha Golf
Marbella. Málaga. ES
Descripción: reforma de vivienda pareada
+ piscina
Superficie: 200 m²
Año: 2006

Peña Blanca–Aloha Golf complex
Marbella. Málaga. ES
Description: remodelling of semi-detached
house + pool
Area: 200 m²
Year: 2006

La vivienda adosada está situada en primera línea del campo de golf de Aloha, en Marbella, con orientación sureste. La construcción original ofrecía pocas salidas de vistas y poca iluminación natural debido a los reducidos ventanales y a su posición y orientación. También carecía de poco espacio para la vida exterior, tan requerido en esta zona, por lo que la meta de la intervención fue resolver estas carencias.

Como elemento fundamental, se creó un gran salón con un amplio ventanal en esquina, para aligerar la construcción e integrar el exterior y el interior. Este ventanal da a un nuevo porche cubierto que envuelve el frente de la vivienda, donde se ubican el estar y el comedor exterior, propiciando la interrelación de todos los espacios y su entorno. El diseño utilizado emplea líneas contemporáneas que sintetizan los elementos proyectados.

This townhouse is perched on the edge of the Aloha golf course, in Marbella, facing southeast. The original construction offered few views and little natural light because of its small windows and their position and orientation. It also lacked space for outdoor life, which is so in demand in this area. The goal of the intervention was to address these shortcomings.

As a key feature, a large lounge was created with a large window in the corner, bringing more light to the building and integrating the outdoor with the indoor. This window opens out onto a new covered veranda that wraps around the front of the house, containing the outside lounge and dining areas and integrating all the spaces with their environment. The design employs contemporary lines to combine all elements of the design.

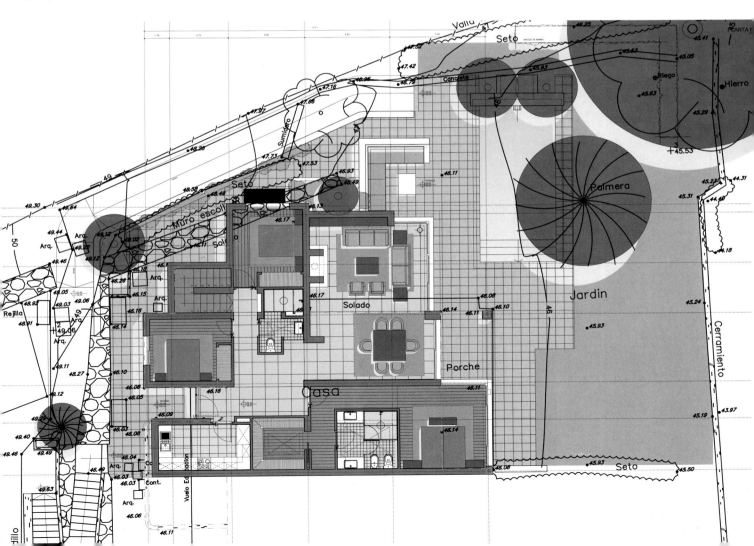

#04 AI-MMAC

Molino
Miño. A Coruña. ES
Descripción: reforma de molino
Superficie: 540 m²
Año: 2007

Molino
Miño. A Coruña. ES
Description: remodelling of mill
Area: 540 m²
Year: 2007

Emplazado en Miño, el proyecto de este antiguo molino de agua enclavado en un espléndido entorno natural ha sido un ejercicio de diseño e intervención sutil cuya finalidad ha sido enfatizar la belleza del propio edificio en su entorno.

Dentro del programa requerido, el interiorismo se ha realizado creando los distintos espacios mediante los muros exentos de la construcción original del molino, resaltando las paredes de piedra y la cubierta de madera original, que hubo de ser reconstruida en su totalidad manteniendo las vigas de castaño originales. Se prestó una especial atención a la distribución de estos espacios para crear una interrelación entre la nueva intervención, el espacio interior original del molino y las salidas de vistas.

Set in Miño, A Coruña, in Spain, the project for this ancient water mill, set in splendid natural surroundings, was an exercise in design and subtle intervention with the aim of emphasising the beauty of the building within its environment.

In accordance with the remit, the interior remodelling involved creating different spaces by using the free-standing walls of the original mill construction. This highlighted the stone walls and original wooden roof, which had to be entirely rebuilt whilst retaining the original chestnut joists. Special attention was paid to the layout of these spaces in order to create a relationship between the new intervention, the original mill interior and the views.

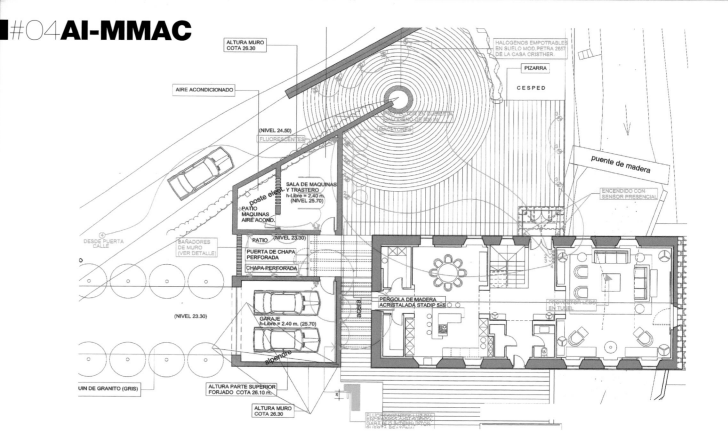

ALTURA MURO
COTA 26.30

AIRE ACONDICIONADO

(NIVEL 24.50)

FLUORESCENTES

poste elect.

PATIO
MAQUINAS
AIRE ACOND.

SALA DE MAQUINAS
Y TRASTERO
h-Libre = 2.40 m.
(NIVEL 25.70)

PATIO   (NIVEL 23.30)

PUERTA DE CHAPA
PERFORADA

CHAPA PERFORADA

BAÑADORES
DE MURO
(VER DETALLE)

DESDE PUERTA
CALLE

(NIVEL 23.30)

GARAJE
h-Libre = 2.40 m. (25.70)

albenore

UIN DE GRANITO (GRIS)

ALTURA PARTE SUPERIOR
FORJADO COTA 26.10 m.

ALTURA MURO
COTA 26.30

HALOGENOS EMPOTRABLES
EN SUELO MOD.PETRA 2657
DE LA CASA CRISTHER.

PIZARRA

CESPED

puente de madera

ENCENDIDO CON
SENSOR PRESENCIAL

acera

PERGOLA DE MADERA
ACRISTALADA STADIP 5+5

#05**AI-DSPA**

Domosat

San Pedro de Alcántara. Málaga. ES
Descripción: reforma y adecuación
de local comercial para oficinas
+ *showroom* de domótica y audio
Superficie: 750 m²
Año: 2010

Domosat

San Pedro de Alcántara. Málaga. ES
Description: remodelling and modification
of commercial premises for offices
+ automation and audio showroom
Area: 750 m²
Year: 2010

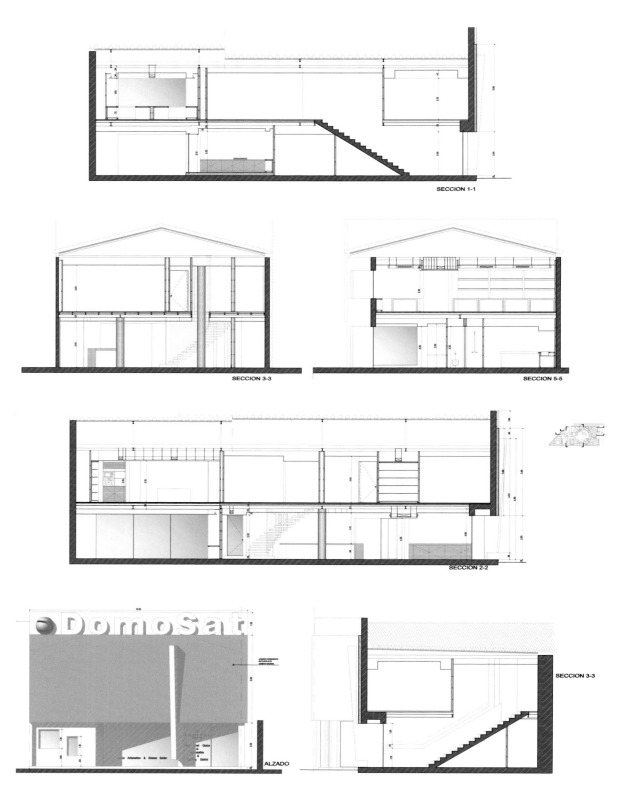

SECCION 1-1

SECCION 3-3

SECCION 5-5

SECCION 2-2

ALZADO

SECCION 3-3

Este proyecto comprende el interiorismo y el diseño de fachada de una empresa dedicada a la domótica, la imagen y el sonido. Ha sido un ejercicio tremendamente interesante dada la gran variedad de los diferentes espacios a crear, como las salas de cine en casa, las oficinas de administración, los almacenes, los *showrooms* de música y el *showroom* de cocinas; todo esto sobre una superficie de 650 m².

La fachada ha sido diseñada con una volumetría sólida y contundente en la que los artículos se exponen como objetos de arte. El interior presentaba la complejidad de tener dos plantas, las cuales se debían integrar sin perder espacio interior de exposición y venta. Esto se logró al abrir un espacio en doble altura con una gran escalera curva de madera y acero con peldaños volados para obtener más espacialidad visual. Así se generó un centro del cual parten todas las zonas de exposición, que han sido tratadas como escenarios y espacios distintos e interrelacionados para destacar los productos y los distintos ambientes creados por la iluminación domotizada.

This project includes the design of the interior and facade for a company dedicated to automation, image and sound. It was an extremely interesting exercise given the wide variety of different spaces we were commissioned to create, including home cinemas, offices, warehouses, music showrooms and the kitchens showroom –all in an area measuring 650 m².

The facade was designed with solid, strong volumes where products are displayed as art objects. The interior was challenging as it consisted of two floors that needed to be integrated without losing indoor display and sales space. This was achieved by opening up a double-height space with a large, curved wood and steel open-plan staircase to give a sense of visual spaciousness. In this way, a hub was generated around which all exhibition areas are arranged. These were treated as distinct yet interrelated scenes in order to emphasise the products and different atmospheres created by automated lighting.

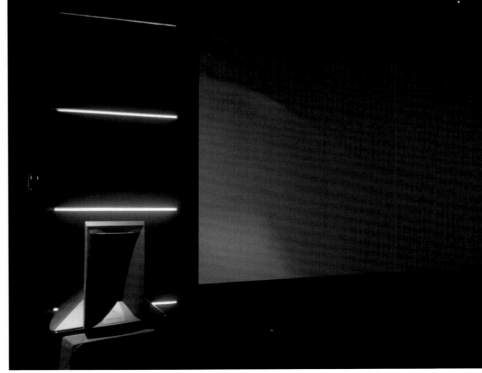

#06**AI-CMM**

Café Marbella
Marbella. Málaga. ES
Descripción: renovación total + ampliación
+ trabajos de adaptación de un restaurante-
cafetería en uno de los lugares claves de la
ciudad de Marbella + renovación del edificio
protegido donde se enclava
Superficie: 680 m² interior + 550 m² exterior
Año: 2010

Café Marbella
Marbella. Málaga. ES
Description: total renovation + extension
+ building works to adapt a restaurant-
cafeteria in one of the most popular areas
in the city of Marbella + renovation of the
protected building where it is located
Area: 680 m² interior + 550 m² exterior
Year: 2010

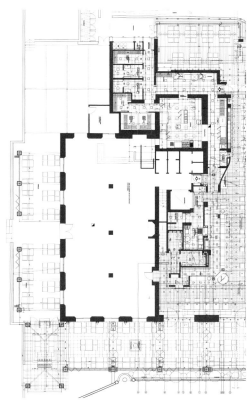

El local está ubicado en un edificio emblemático del centro de la ciudad de Marbella y es un referente de la vida cotidiana. Hemos afrontado la intervención con gran respeto y tratando de mejorar todos los aspectos de la cafetería, tanto en los exteriores como los interiores, dando una nueva imagen fresca, agradable y a la vez contundente, como el lugar merece.

The restaurant is set in a landmark building in Marbella's city centre and is an iconic fixture of everyday life. We approached the intervention with great respect, trying to improve all the exterior and interior aspects of the cafeteria, giving a fresh new look that is pleasant yet full of character, as the place deserves.

#07**AI-TLSPA**

Trattoria L'impronta
San Pedro de Alcántara. Málaga. ES
Descripción: reforma y adecuación de un local comercial para restaurante
Superficie: 350 m²
Año: 2011

Trattoria L'impronta
San Pedro de Alcántara. Málaga. ES
Description: remodelling and adaptation of commercial premises for a restaurant
Area: 350 m²
Year: 2011

Este proyecto de restaurante desarrollado en un local comercial ha supuesto un gran reto, ya que, a pesar de los elementos existentes del propio local, dividido en distintas alturas, se le ha querido dar una apariencia de gran espacio único. El diseño se ha proyectado con la intención de lograr un estilo clásico con carácter, en armonía con elementos más contemporáneos, creando espacios cálidos y agradables.

Dentro del gran espacio de sala se han concebido diferentes zonas con un gran atractivo, fluidez y remates visuales. Tanto estos espacios como la distribución del mobiliario han sido estudiados y diseñados para brindar al comensal comodidad y una experiencia rica en sensaciones, así como el perfecto funcionamiento del servicio en su recorrido por la sala y la zona de cocina.

This restaurant project in commercial premises was a major challenge, because despite the existing elements of the premises that are divided into various heights, the aim was to give an appearance of one large single space. The design was created with the intention of achieving a classic style with character, in keeping with more contemporary elements and creating warm, cosy spaces.

Within the hall's spacious volume, different areas were designed with great appeal, fluidity and visual finishes. These spaces and the arrangement of furniture were planned and designed to provide guests with comfort and a sensation-rich experience, as well as to facilitate a flawless service of the staff in their path through the dining room and kitchen area.

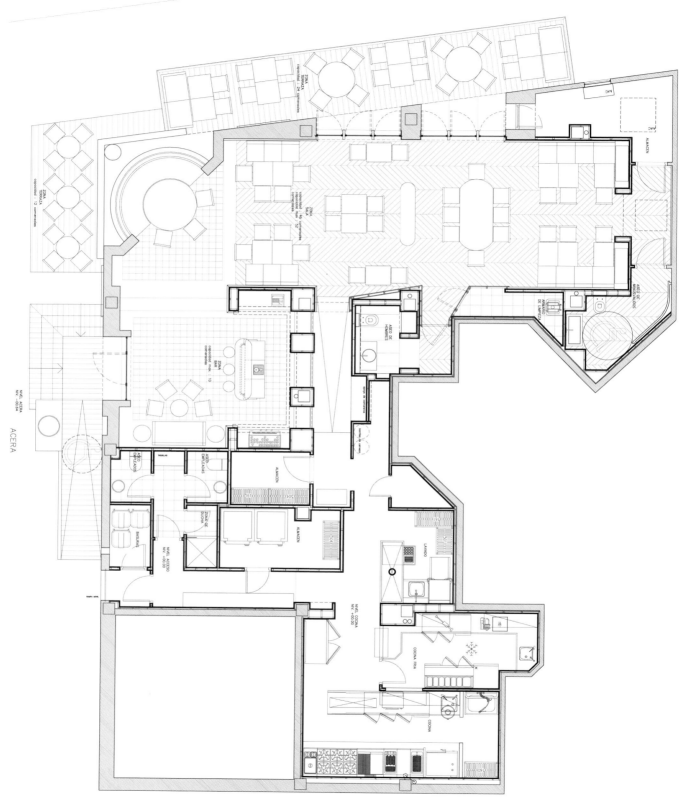

#08**AI-KWM**

Restaurante Kabuki II
Hotel Wellington. Avenida de Velázquez, 6.
Madrid. Madrid. ES
Descripción: restaurante japonés
Sup. total const.: 386 m²
El grupo Kabuki cuenta con 3 estrellas Michelin

Restaurante Kabuki II
Wellington Hotel. Avenida de Velázquez, 6.
Madrid. Madrid. ES
Description: Japanese restaurant
Total built area: 386 m²
Grupo Kabuki has 3 Michelin stars

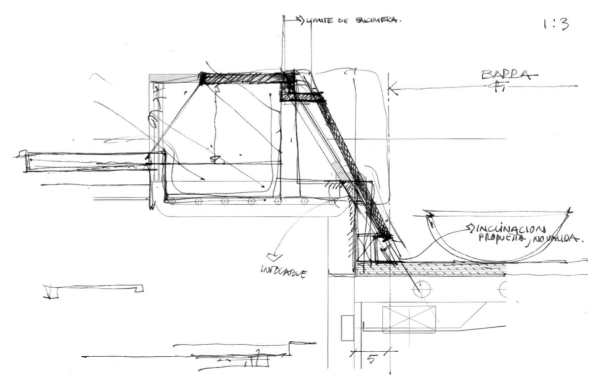

Este proyecto viene precedido por el primer restaurante japonés Kabuki, situado en la calle Presidente Carmona, 2, en Madrid, el cual tuvo una notable repercusión mediática. Las circunstancias precedentes nos obligan a afrontar un mayor reto al desarrollar este segundo Kabuki en el reconocido Hotel Wellington de Madrid.

El local entrañaba cierta dificultad al tener varios espacios a distinta altura, lo cual se aprovechó para crear varios espacios y ambientes dentro de uno solo. El interiorismo refleja lo ceremonial que debe ser un restaurante de estas características, y tanto los colores como los materiales empleados aportan una armonía entre espacios que genera un ambiente acogedor, cálido y confortable.

This project was preceded by the first Kabuki japanese restaurant, located at Calle Presidente Carmona, 2, in Madrid, which received significant media coverage. Previous circumstances meant that developing this second Kabuki in Madrid's renowned Wellington Hotel was a major challenge.

The premises presented some difficulties as there were several spaces at different heights. We used this feature to create varied spaces and environments within the whole. The interior design reflects the ceremonial aspects expected from a restaurant of this kind, and both the colours and materials used provide harmony to the spaces, creating a cosy, warm and comfortable atmosphere.

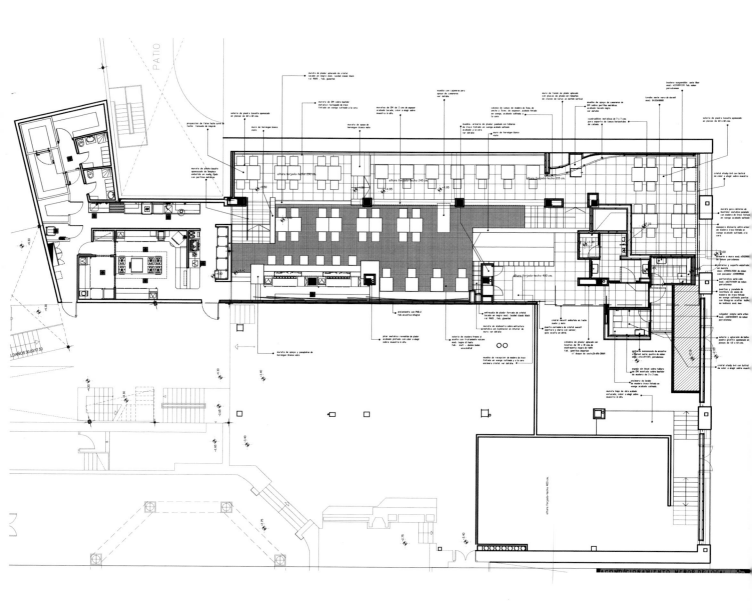

«Espacios contenidos, volúmenes, luz y sombra»
"Contained spaces, volumes, light and shade"

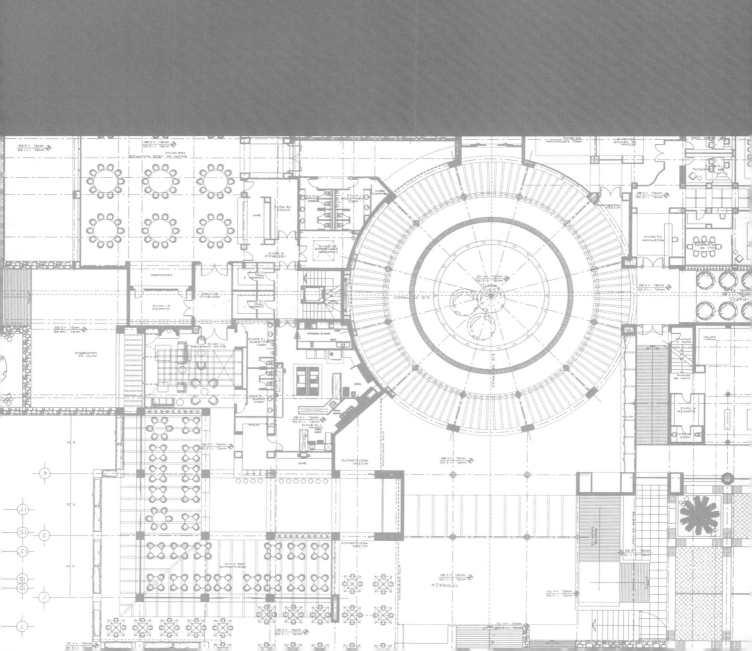

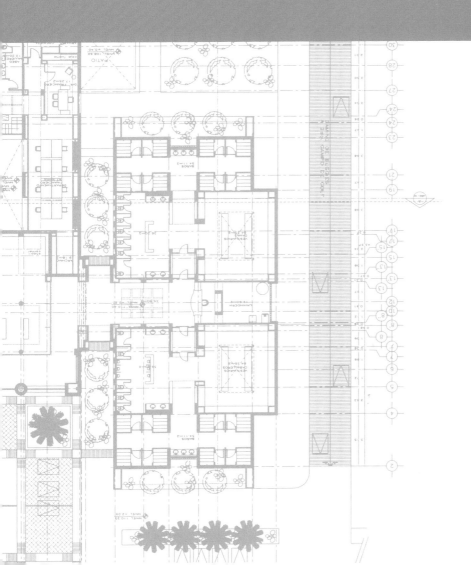

ESPACIOS COMERCIALES
COMMERCIAL SPACES

«LA CREACIÓN DE UNA OBRA ARQUITECTÓNICA QUE SEA CAPAZ DE TRANSMITIR PLACER SIN COMPROMISOS, ALEGRÍA, ¡UN TIPO DE FELICIDAD!»

Esta faceta de la arquitectura es, sin lugar a dudas, la más llamativa en los tiempos actuales, y adquiere una dimensión extraordinariamente interesante dada la singularidad del objeto a desarrollar. ¡Es un gran reto al que hay que enfrentarse con entusiasmo!

La arquitectura de espacios comerciales ha tenido un papel determinante para ciertos ámbitos en las últimas décadas. La hostelería es uno de ellos y, si bien siempre tuvo un papel muy importante, en los últimos años ha experimentado un evolución sin precedentes. Las nuevas necesidades del mercado han generado en las compañías del sector, ya sean hoteleras como de restauración, comerciales y deportivas, la necesidad de aportar un valor añadido a sus negocios a través de la arquitectura y el diseño. El público, el cliente de este tipo de negocio, es cada vez más exigente y no quiere solo un servicio altamente satisfactorio, sino que requiere que este le sea prestado en un ambiente agradable, hasta el punto de que hoy en día es tan importante el continente como el contenido. La oferta de calidad de servicio ha entrado en simbiosis con la calidez y la calidad del entorno en el que ese servicio se presta.

Este tipo de proyectos no es una novedad para el Estudio MS, pues desde los tiempos fundacionales del despacho es mucha la experiencia acumulada y muy gratificante el fruto obtenido.

A la hora de acometer este tipo de proyectos tenemos en cuenta:

1. La proyección y el atractivo para el usuario.

2. La funcionalidad, esto es, la adecuación a las necesidades de uso y servicio, tanto para el público como para los empleados.

3. La correcta interpretación del objetivo último que quiere el promotor de su negocio.

4. La consecución de una óptima relación calidad-precio, base de partida de todo proyecto comercial.

Un proyecto comercial tiene un equilibrio muy delicado entre los aspectos legales, comerciales, de proyección y publicidad y de diseño arquitectónico. Desde la ingeniería del proyecto hasta el diseño gráfico y la publicidad del mismo, debe tratarse como un todo donde la participación constante del promotor es absolutamente necesaria.

Estos proyectos no solo deben de ser bellos en sí mismos, sino que esta belleza debe emanar de la perfecta adecuación de todos los elementos que intervienen en ella. Si conseguimos esto habremos desarrollado un proyecto con el éxito asegurado y con el cual todos los participantes se sientan orgullosos.

This facet of architecture is, undoubtedly, the most striking in the present times, and has acquired an extremely interesting dimension given the uniqueness of each element to be developed. It is a great challenge that must be tackled with enthusiasm!

Commercial spaces architecture has played a key role in certain fields in recent decades. The hotel industry is one of them, and, although it has always been in pole position, in recent years it has experienced unprecedented development. New market requirements have resulted in the need for companies in the sector, both hotel and catering, commercial and sport, to add value to their businesses through architecture and design. The clients of this type of business, the general public, are increasingly demanding and not only want a highly satisfactory service but also demand that it be provided in a pleasant atmosphere to the point that today the container is as important as the content. The provision of quality service has entered into symbiosis with the warmth and quality of the environment in which the service is provided.

This type of project is not new for Estudio MS; since it was founded, the firm has accumulated a great deal of experience and the results have been very rewarding.

When undertaking this type of project, we consider:

1. The plan and its attraction to the user.

2. Functionality, i.e., matching the needs and service use of both the public and the employees.

3. The correct interpretation of the ultimate objective that the developer wants from the business.

4. Achieving optimal value, the starting point of any commercial project.

A commercial project has to strike a very delicate balance between legal, commercial, advertising, planning and architectural design aspects. From the engineering to the graphic design and advertising of the project, it should be treated as a whole in which the constant involvement of the developer is absolutely necessary.

These projects should not only be beautiful in themselves, but this beauty should come from the perfect alignment of all the elements involved. If this is achieved, we have developed a project with guaranteed success; one of which all participants feel proud.

"THE CREATION OF A WORK OF ARCHITECTURE THAT IS CAPABLE OF TRANSMITTING PLEASURE WITHOUT COMPROMISE; JOY, A KIND OF HAPPINESS!"

#01**EC-CGLSNM**

Casa Club de Golf Los Naranjos
Urbanización Los Naranjos
Marbella. Málaga. ES
Descripción: casa club + instalaciones de
servicios + mantenimiento del campo de golf
Sup. parcela: 710 m²
Sup. total const.: 2.000 m²
Año: 1990

Casa Club de Golf Los Naranjos
Los Naranjos complex
Marbella. Málaga. ES
Description: clubhouse + service facilities
+ golf course maintenance
Plot size: 710 m²
Total built area: 2,000 m²
Year: 1990

Imagen correspondiente a un posterior proyecto de ampliación con hotel

Image reference of future project expansion with hotel

La casa club de golf de Los Naranjos es la casa club de uno de los campos de golf más emblemáticos de Andalucía, diseñado por Robert Trent Jones e inaugurado en 1977. Este singular edificio fue proyectado en 1990 con un estilo arquitectónico tradicional. La construcción se distribuye en dos edificios de tres plantas unidos por un torreón octagonal.

La planta baja, que tiene acceso desde el aparcamiento principal, corresponde a los servicios para la práctica del golf y lo componen los vestuarios, el *proshop* y *caddie master,* así como el cuarto de palos y el aparcamiento de *buggies.* En el nexo de los dos edificios principales, que es el torreón, se encuentra una gran escalinata que da acceso a la primera planta y que cuenta con un ingreso desde el vial público. En el mismo nivel se encuentran las oficinas, a las que se ingresa a través del vestíbulo que conforma dicho torreón, así como el restaurante, una gran terraza y un porche que tienen una posición dominante sobre el campo de golf.

Los Naranjos golf clubhouse is situated on one of the most iconic golf courses in Andalucia, designed by Robert Trent Jones and opened in 1977. This clubhouse was designed in 1990 in a traditional architectural style. The building is divided into two three-storey buildings linked by an octagonal tower.

The ground floor, which is entered via the main car park, houses golf services and consists of changing rooms, pro shop and caddie master as well as a club room and buggy parking. At the nexus of the two main buildings, the tower, there is a grand staircase leading to the first floor, with an entrance from the public road. The offices are on the same floor and are reached through the tower hall, as are the restaurant and a large terrace and porch, all with a dominant position overlooking the golf course.

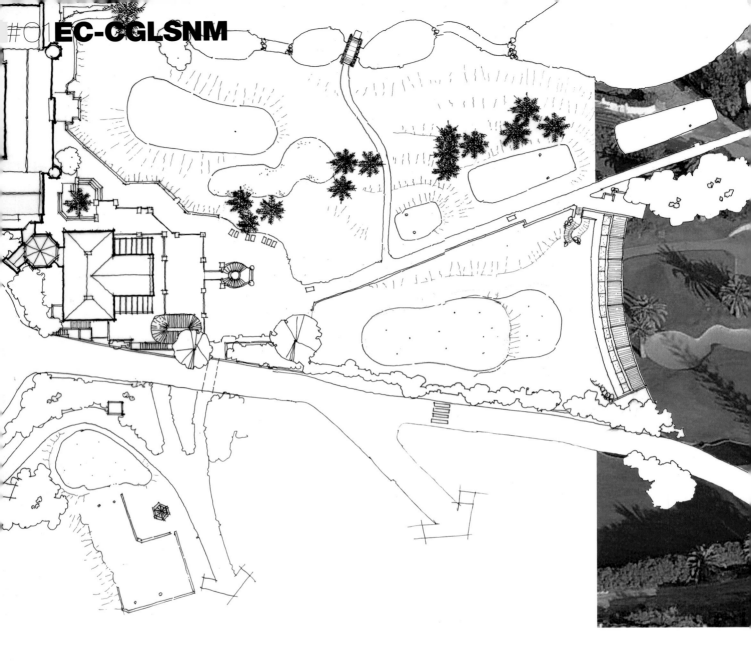

Desde el acceso al restaurante hay una gran escalera que da acceso a la segunda planta, que corresponde al área de socios, formada por una sala de juegos, zonas de estar y bar. Esta área de socios, ubicada bajo una gran cubierta vista a dos aguas de estructura de madera, cuenta con dos terrazas a ambos lados del salón principal desde las cuales se divisa la totalidad del campo de golf.

From the restaurant entrance, there is a large staircase leading to the second floor, which houses the members' area, comprising a game room, lounge and bar areas. Located under a large wooden-framed gabled roof, this area has two terraces on either side of the main hall that provide views over the entire golf course.

El conjunto sigue un estilo de arquitectura tradicional con una ordenación contemporánea adaptada al correcto funcionamiento del club de golf, todo combinado con una volumetría contundente que crea una armonía entre la estética y la función del edificio.

The complex follows a traditional architectural style with a contemporary arrangement to suit the proper functioning of the golf club, all combined with strong volumes that creates harmony between the aesthetics and the function of the building.

NIVEL SOTANO

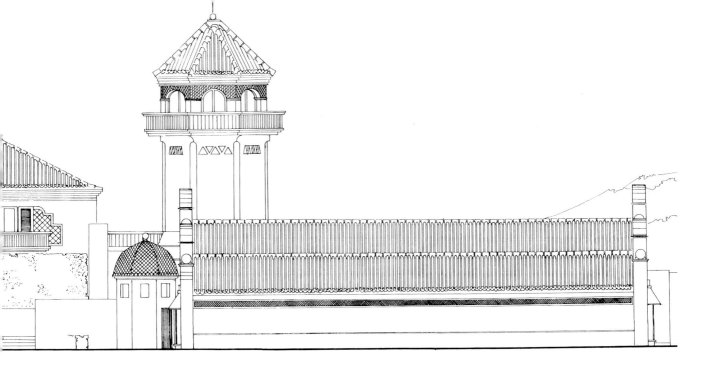

#02 **EC-2HI+V**

Hotel Golf Resort Islantilla
Islantilla. Isla Cristina. Huelva. ES
Descripción: hotel de 4 estrellas en el
centro del campo de golf de Islantilla
con 204 habitaciones (97 habitaciones
dobles + 88 suites júnior + 7 suites
sénior + 12 bungalós dúplex)
+ 2 restaurantes + *pub* inglés + piscina
cubierta con hidromasaje + 3 salas de
conferencias + *beach club*
Sup. total const.: 20.500 m²
Año: 2002

Hotel Golf Resort Islantilla
Islantilla. Isla Cristina. Huelva. ES
Description: 4-star hotel in the centre
of Islantilla golf course with 204
rooms (97 double rooms + 88 junior
suites + 7 senior suites + 12 two-
storey bungalows) + 2 restaurants
+ English pub + indoor pool with
massage bathtub + 3 conference
rooms + beach club
Total built area: 20,500 m²
Year: 2002

El hotel está emplazado enfrente de la casa club de golf y rodeado por el campo de golf del Islantilla Golf Resort. La premisa fundamental ha sido suavizar el impacto visual de la edificación en su entorno e integrarlo en él. La edificación, de 20.500 m² y 204 habitaciones, parte de un centro, que es la zona de *lobby* y recepción, que a su vez da paso a un gran patio. De este centro se ramifica el resto de la edificación, la cual va girando sobre sí misma y variando en alturas para lograr un movimiento tanto en planta como en volumetría, con lo que se obtienen grandes espacios abiertos y contenidos por la propia arquitectura.

Las alturas máximas son cuatro plantas, las cuales van decreciendo conforme se extienden las ramificaciones de la edificación hacia el campo de golf. Dichas ramificaciones crean y contienen dos grandes espacios abiertos.

El primero está conformado por el restaurante y el bar, que se abre hacia el campo de golf mediante porches, terrazas y jardines. El segundo, formado por las habitaciones, corresponde a un gran espacio abierto con piscina, jardines y terrazas; también se ubica un gran bar abierto y la piscina cubierta, desde cuyo interior se puede disfrutar de las vistas al gran jardín central.

La arquitectura adoptada se configura con ciertos rasgos coloniales y elementos de la arquitectura contemporánea. La planta baja se forma como un gran basamento de la edificación mediante elementos robustos y contundentes. Las plantas siguientes se tratan con mayor ligereza por medio de terrazas voladas con estructura de madera, que rematan sobre los grandes vuelos de las cubiertas inclinadas que, a través de las distintas alturas de la edificación, actúan como elemento integrador y ofrecen una lectura homogénea en su conjunto.

The hotel is situated opposite the clubhouse and is surrounded by the Islantilla Golf Resort course. The basic remit was to soften the visual impact of the building and integrate it with its environment. The 20,500 m² building and 204 rooms are arranged around the lobby and reception area in the centre, then lead out onto a large courtyard. The rest of the building branches out from this centre, which turns and varies in height to achieve movement both in layout and in elevation, resulting in large open and enclosed spaces created by the architecture itself.

There are four floors at the building's maximum height, which lowers as the branches extend out towards the golf course. These branches create and enclose two large open spaces.

The first consists of the restaurant and bar, which open out onto the golf course via porches, terraces and gardens. The second one, comprising the rooms, is a large open space with a pool, gardens and terraces. There are also a large open bar and indoor pool that enjoy great views of the large central garden.

The architectural style is shaped by strong colonial features and elements of contemporary architecture. The ground floor forms a large basement with robust elements. The upper floors are treated more lightly, with wooden-framed cantilevered terraces that end over great flights of pitched roofs, which act as an integrating element for the different heights of the building and offer a homogeneous reading of the ensemble.

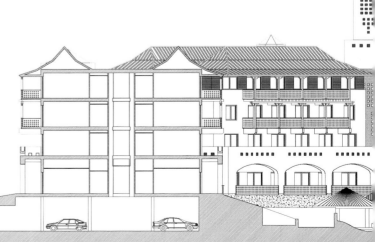

Hotel Resort Valle del Este
Vera. Almería. ES
Descripción: hotel de 142
habitaciones (135 habitaciones
dobles) + 6 suites + *beach club* + club
de golf + club deportivo + edificio
de mantenimiento + 5 restaurantes
+ 2 cafeterías + terrazas + salas de
reuniones + zona comercial + piscinas
exteriores + terraza solárium + zonas
de juegos + pista de tenis y *paddle*
+ centro *spa*
Sup. total const.: 15.400 m²
Año: 2004-2005

Hotel Resort Valle del Este
Vera. Almería. ES
Description: hotel with 142 rooms
(135 double rooms) + 6 suites
+ beach club + golf club + sports
club + building maintenance + 5
restaurants + 2 cafés + terraces
+ meeting rooms + commercial area
+ outdoor pools + solarium
+ playgrounds + tennis court +
paddle ball court + spa centre
Total built area: 15,400 m²
Year: 2004-2005

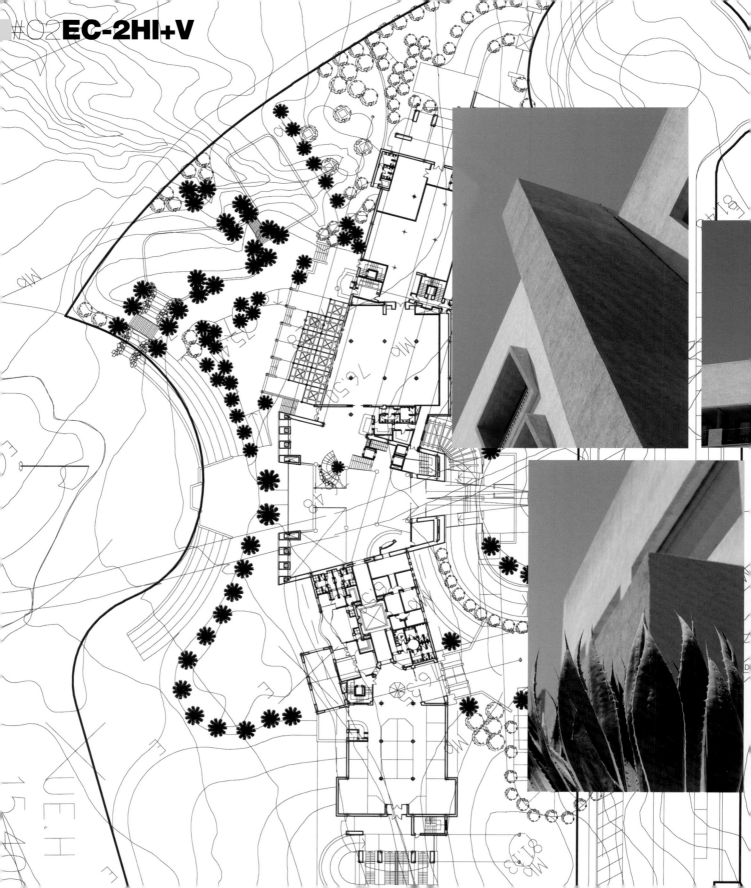

#03EC-CGLAC

Club de Golf La Alcaidesa
La Línea de la Concepción. Cádiz. ES
Descripción: casa club de golf
Sup. porches: 2.255 m²
Sup. total const.: 4.110 m²

Club de Golf La Alcaidesa
La Línea de la Concepción. Cádiz. ES
Description: golf clubhouse
Area of porches: 2,255 m²
Total built area: 4,110 m²

«Una arquitectura capaz de despertar emociones,
que sea universalmente reconocida como bella,
no solo en el sentido estético o práctico, sino que
también produzca sensaciones en la propia alma»

"Architecture that is capable of arousing emotions, universally recognised as beautiful, not just in the aesthetic or practical sense, but also in the sense that it arouses feelings deep in the soul"

La consolidación de la urbanización La Alcaidesa, ubicada en el Campo de Gibraltar, y la creación de un segundo campo de golf generan la necesidad de una casa club que unifique ambos campos, además de crear un centro de actividad social para toda la urbanización.

Con un programa muy amplio, se desarrolla un proyecto con una superficie aproximada de 3.500 m². Ubicada en la parte más elevada de una loma, se convierte en el centro donde gravitan los 36 hoyos de golf. Dada su localización e importancia, se decide darle un carácter de fortaleza. Los condicionantes climáticos así como la diversidad de usos posibles determinan la utilización de grandes volúmenes macizos y muros protectores con aperturas puntuales, que protegen y a la vez enmarcan las perspectivas más interesantes del paisaje.

Un patio circular planteado como eje principal nos lleva, por un lado, a las estancias dedicadas puramente a la práctica del golf, como son los vestuarios, el *proshop* y *caddie master*, así como a las oficinas del club, que se plantearon en una planta alta, dominando las vistas al campo. Por otro lado, este patio nos lleva a la zona de restaurante y a los salones de usos múltiples, los cuales disponen de accesos independientes para poder realizar distintos actos sin interferencias.

The consolidation of La Alcaidesa complex, located in Campo de Gibraltar, as well as the creation of a second golf course, generated the need for a clubhouse to unify the two courses, creating a hub of social activity for the entire development.

With a very ambitious brief, this project measures approximately 3,500 m². Located atop a hill, it becomes the centre of gravity for 36 holes. Given its location and importance, we decided to give it a strong character. Climatic conditions and the diversity of possible uses necessitated the use of large, solid volumes and protective walls with appropriate openings to frame the most interesting perspectives of the landscape.

The central element is a raised circular courtyard that leads first to the rooms dedicated purely to golf, such as the changing rooms, pro shop and caddie master, as well as the club offices, which are located on an upper floor overlooking the countryside. On the other side, this courtyard leads to the restaurant area and multi-purpose rooms, which have independent entrances so they can be used for various events without interfering with the club's activities.

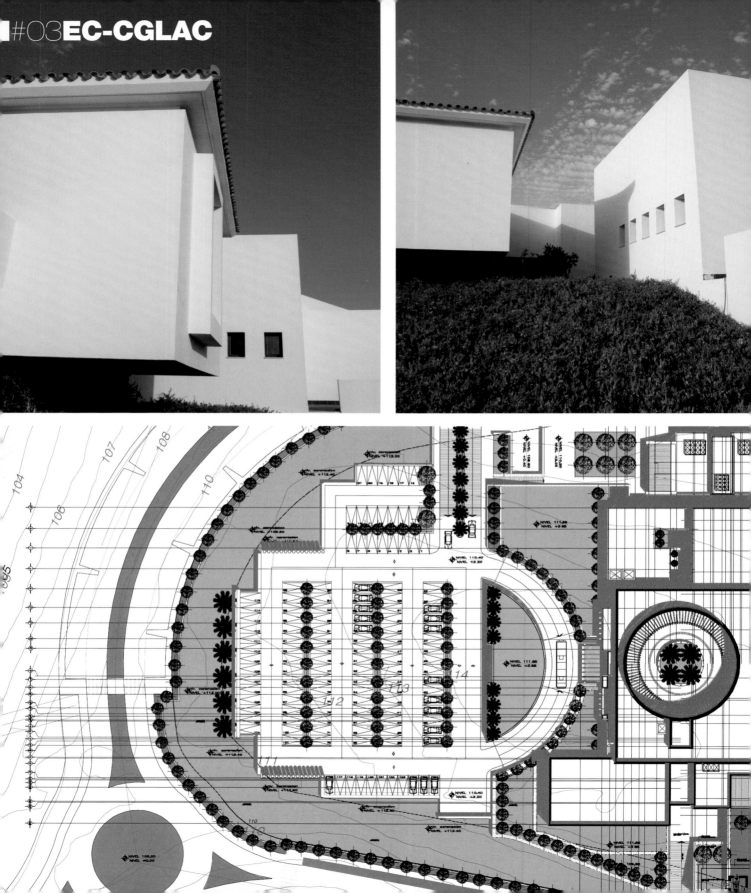

#04**EC-SWSC**

Colegio Swans International Sierra Blanca
Urbanización La Virginia
Marbella. Málaga. ES
Descripción: centro educativo privado
Sup. parcela: 7.343 m²
Sup. total const.: 4.370 m²
Año: 2005

Colegio Swans International Sierra Blanca
La Virginia complex
Marbella. Málaga. ES
Description: private school
Plot size: 7,343 m²
Total built area: 4,370 m²
Year: 2005

La premisa fundamental en el diseño ha sido evitar la imagen tópica e institucional característica de los centros docentes, aunque manteniendo la coherencia y el orden en planta necesarios para el correcto uso de los espacios. Otro punto de arranque fue adaptarlo a un tipo de arquitectura más flexible y menos rígida, creando un entorno más humano, con unos espacios proporcionados y confortables.

The fundamental premise of this design was to avoid the characteristic trivial and institutional image of schools, whilst maintaining the consistency and order necessary for planning the optimal use of the spaces. Another starting point was to adapt to a more flexible architectural style, creating a more human environment with proportional, comfortable spaces.

355

El acceso se efectúa a través de un primer edificio de una planta con una cubierta a dos aguas vista para dar una gran sensación de espacio. Aquí se encuentran la recepción y las oficinas, cuyos muros no llegan a la cubierta para dar mayor profundidad visual. Siguiendo este espacio se llega a un vestíbulo que nos distribuye a dos edificios semiexentos que conforman las aulas y los distintos salones, así como la salida al patio de recreo y las instalaciones deportivas. Los pasillos a las aulas son centrales, por lo que ambos lados de las edificaciones cuentan con grandes aperturas, maximizando la iluminación natural de las aulas. La conexión entre las dos edificaciones de las aulas se hace mediante un torreón de comunicación donde se encuentran los aseos, las escaleras, el ascensor y la rampa de evacuación de las tres plantas.

The school is entered via a one-storey entrance building with a gabled roof to give a feeling of spaciousness. The reception and offices are here, and their walls do not reach the roof to give more visual depth. This space leads to a hall, which in turn leads to two semi free-standing buildings that house the classrooms and other rooms, as well as the exit to the playground and sports facilities. The corridors leading to the classrooms are in the centre and both sides of the buildings have large windows, maximising the natural lighting in classrooms. The two classroom buildings are connected via a tower which houses the toilets, stairs, lift and evacuation slide for the three floors.

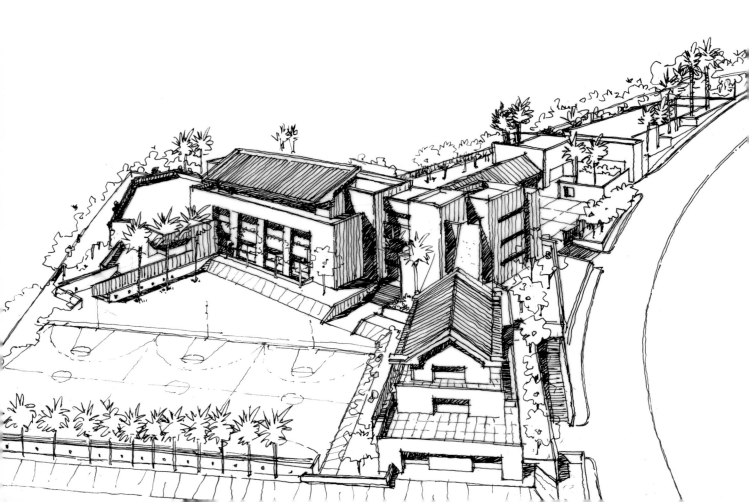

#05EC-HSLLDP

Shantisom
Llanos de Purla. Ojén. Málaga. ES
Descripción: reforma y acondicionamiento
de hotel a *yoga retreat*
Superficie: 2.500 m²
Año: 2011

Shantisom
Llanos de Purla. Ojén. Málaga. ES
Description: remodelling and refurbishment
from hotel to yoga retreat
Area: 2,500 m²
Year: 2011

#05EC-HSLLDP

Emplazado en Los Llanos de Purla, en el valle del parque natural de la Sierra de las Nieves, el proyecto de este hotel supone una relación íntima y directa entre arquitectura y paisaje. Este proyecto de reforma integral de una edificación existente, de alguna manera restringida por ser un enclave protegido, ha sido llevado a cabo con la máxima de que el usuario disfrute tanto de la arquitectura como de la naturaleza debido al carácter del hotel, convertido en un retiro de bienestar y *spa*. Se han impreso una imagen y unas cualidades características de la arquitectura asiática, tan ligada a la filosofía del hotel y a su función, con la intención de crear un santuario de sensaciones.

En este proyecto, realizado sobre las dos plantas existentes, se desarrolla una zona de *spa* en la planta sótano, que cuenta con unas grandes aperturas en un lateral con vistas a los jardines proyectados, que a su vez desembocan en el río. En la planta alta se desarrollan el *lobby* de acceso y el restaurante, los cuales rematan sobre un gran patio abierto que distribuye a las catorce habitaciones del hotel. Se han diseñado caminos y recorridos exteriores que se comunican, a través de patios y estanques con cascadas, con un gran mirador palafítico de madera con cubierta de junco africano desde el cual se disfruta de las vistas al hotel y al valle que lo rodea.

Set in Los Llanos de Purla, in the valley of the Sierra de las Nieves National Park, this hotel project shows a direct and intimate relationship between architecture and landscape. This comprehensive remodelling of an existing building, somewhat restricted by being in a protected area, was designed to maximise clients' enjoyment of the architecture and the natural environment thanks to the nature of the hotel, which has been converted into a wellness retreat and spa. The image and characteristic features of Asian architecture with links to the philosophy of the hotel and its function were superimposed in an attempt to create a sensory sanctuary.

In this project, which covered the two existing floors, we developed a spa zone in the basement, with large windows on one side overlooking the gardens which lead down to the river. The first floor houses the lobby, with the main entrance, and the restaurant. It ends over a large open courtyard around which the hotel's fourteen rooms are arranged. Outdoor paths and routes with courtyards and ponds with waterfalls were designed to connect with a gazebo atop large wooden stilts with an African reed roof where users can enjoy the views of the hotel and the surrounding valley.

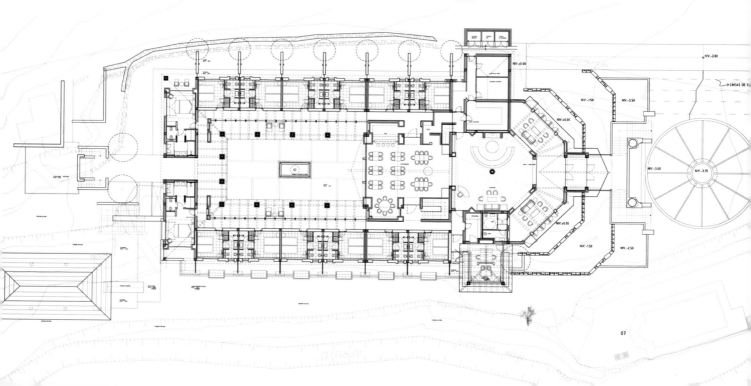

Esta sección pretende mostrar, aunque sutilmente, otros proyectos realizados, tanto planificados como ejecutados. Como todo lo que el estudio MS elabora, contiene una enorme dosis de placer a la misma vez que de experiencia y tiempo para desarrollarlos. Estos son algunos ejemplos que nos gustaría compartir.

This section aims to show, albeit subtly, other projects that have been both executed or just planned. Like everything that Estudio MS develops, it contains an enormous dose of pleasure at the same time as showing the development of our experience over time. Here are some examples that we would like to share.

PROYECTOS
PROJECTS

#01**PR-CCBGA**

Club de Golf Aloha
Urbanización Aloha Golf
Marbella. Málaga. ES
Descripción: reforma de club de golf
Sup. edificada: 2.300 m²
Año: 2010

Club de Golf Aloha
Aloha Golf complex
Marbella. Málaga. ES
Description: remodelling of golf club
Built area: 2,300 m²
Year: 2010

Este proyecto, realizado inicialmente a nivel interno y más tarde presentado a concurso, fue desarrollado con un enorme interés debido a su complejidad, al ser un edificio en uso y no poder paralizar su actividad. Fue seleccionado entre una serie de propuestas presentadas y analizadas en profundidad por el conjunto de los socios del club y sus empleados. Se llevó a cabo un riguroso y detenido análisis de la situación y el funcionamiento de las instalaciones, debido a las reformas parciales a las que había sido sometido, y como consecuencia de este proceso evolutivo se han ido dando respuestas puntuales.

El diseño se plantea la revalorización de las edificaciones existentes y su integración con las de nueva creación, todo ello con una visión de conjunto a largo plazo y desarrollando el proyecto de manera tal que permitiera su ejecución en diferentes fases que resolvieran los problemas inherentes a la actividad del club y de sus instalaciones. Otra premisa fundamental fue que la actuación debía ser profundamente respetuosa con la imagen y el concepto original de las edificaciones.

Tras un análisis concienzudo no solo de la arquitectura sino también de todos los elementos interconexos como son las ingenierías, el paisajismo, la decoración, etc., este proyecto daba una respuesta correcta y total a la situación actual, mejorando consecuentemente la calidad y la actividad del club de golf.

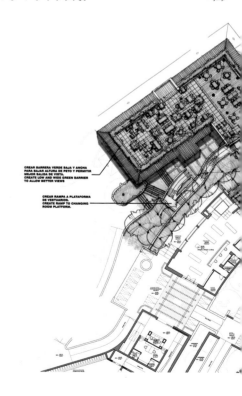

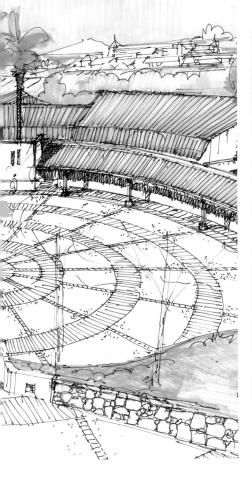

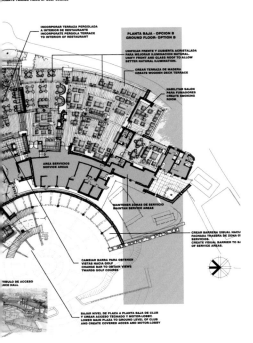

This project, initially internal and later submitted for tender, was developed with great deal of thought because of its complexity. The building had to remain in use while construction was underway. It was chosen from a number of proposals submitted to and discussed in depth by all the club members and their employees. We conducted a thorough and detailed analysis of the status and operation of facilities due to partial remodelling already done, and as a result of this evolutionary process specific answers were provided.

The design set out to upgrade the existing buildings and integrate them with the new ones, all with an eye to the long term. The project was developed in a way that would allow it to be implemented in different phases in order to solve the problems involving the activity of the club and the use of its facilities. Another basic premise was that the project should be deeply respectful of the original image and concept of the buildings.

After a thorough analysis of not only the architecture but also all the interrelated elements such as engineering, landscaping, decorating, etc., this plan ended up being a complete and appropriate response to the situational requirements, consequently improving the quality and activity of the golf club.

#02 PR-MPGG

Master Plan & Routing de Campo de Golf de Ojén Monda
Finca Doña Cándida
Ojén – Monda. Málaga. ES
Descripción: plan maestro +
routing de campo de golf
Sup. parcela de Ojén: 587.624 m²
Sup. parcela de Monda: 496.532 m²

Master Plan & Routing de Campo de Golf de Ojén Monda
Doña Cándida estate
Ojén – Monda. Málaga. ES
Description: master plan + routing of golf course
Ojén plot size: 587,624 m²
Monda plot size: 496,532 m²

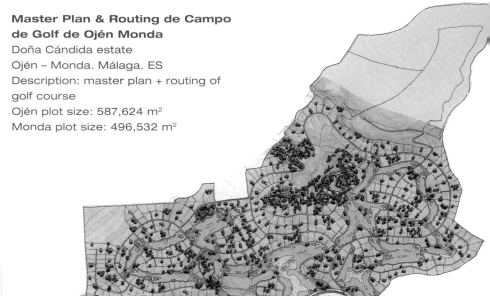

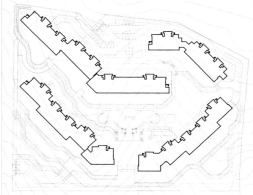

Estos proyectos corresponden al desarrollo de un plan maestro de campo de golf, viviendas y zonas de ocio y hoteleras. Dentro de las premisas iniciales de los desarrollos, se sigue una pauta en la que se diseña en congruencia con cada región en la que se actúa.

Cada uno de los espacios a desarrollar se adapta a las condiciones topográficas de su zona, minimizando el impacto que la arquitectura pudiera tener en su nuevo entorno. Los desarrollos parten desde un núcleo y un eje central, que serían la casa club de golf y hotel, del cual parte el *routing* del campo de golf. El campo de golf ejerce como centro y foco visual del resto del desarrollo urbanístico, pues a su alrededor se han situado las viviendas, adaptadas a los niveles para permitir una óptima permeabilidad visual y espacial.

Las zonas reservadas a viviendas se distribuyen en distintos núcleos, en los cuales los viales y su diseño consiguen una gran fluidez. En sus recorridos se crean remates visuales así como aperturas visuales que dan una mayor sensación espacial en el interior de cada núcleo. Las zonas verdes perimetrales del campo de golf siempre se integran en las de las viviendas, lo cual dota de mayor percepción espacial en cada vivienda a la vez que se integra el conjunto en su entorno. Ha sido trascendental poder controlar el perfil del paisaje en cada uno de los planes maestros, de forma que arquitectura y paisajismo formaran un todo y una unidad espacial, sin discontinuidades que pudieran fracturar el entorno privilegiado sobre el que se actúa.

These plans are for the development of a master plan for the golf course, accommodations, and leisure and hospitality zones. Within the initial remit of the development, a pattern was followed which was designed to be congruous with each region in which it operates.

Each of the spaces to be developed has been adapted to the topography of the area, minimising the impact of the architecture on its new environment. The developments spread from a core and a central axis, namely the golf clubhouse and hotel, where the golf course route begins. The golf course serves as the centre and visual focus of the rest of the development; accommodation was built around it, placed at levels that provide optimal visual and spatial permeability.

The areas reserved for housing are separated into different groups and the roads flow with the design. Visual milestones are created along the way, as well as visual openings that bring a greater sense of space inside each group. The green areas of the golf course perimeter are always integrated with those of the housing, which creates a greater spatial expanse from each home while integrating the complex into the environment. One crucial goal was to control the profile of the landscape in each of the master plans so the architecture and landscaping form a whole and a seamless spatial unit without discontinuities that could fracture their privileged environment.

#03 PR-PCCANA

Capcana + Punta Cana
República Dominicana. DOM
Descripción: proyecto de 2
urbanizaciones con viviendas
unifamiliares
Sup. edificada: 7.975,26 + 860 m²
Año: 2011

Capcana + Punta Cana
Dominican Republic. DOM
Description: project for 2 housing
developments
Built area: 7,975.26 + 860 m²
Year: 2011

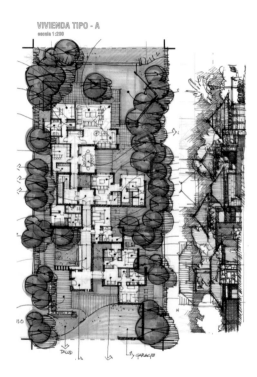

VIVIENDA TIPO - A
escala 1:200

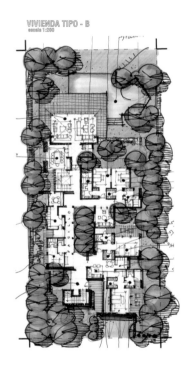

VIVIENDA TIPO - B
escala 1:200

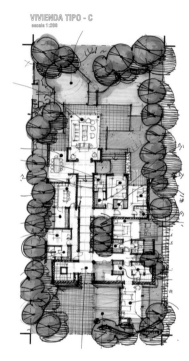

VIVIENDA TIPO - C
escala 1:200

Este es un proyecto de viviendas desarrollado en las zonas de Las Iguanas Back Nine y La Romana de Caucana, en Santo Domingo (República Dominicana). Estos proyectos fueron de gran interés, ya que se desarrolló una vivienda única que podía funcionar como tres viviendas independientes con régimen de hotel. Este planteamiento, junto con las distribuciones típicas de las arquitecturas tropicales, ha sido fundamental para lograr una arquitectura y unos volúmenes amplios pero a la vez envolventes que crean unos espacios abiertos interiores.

This is a housing project developed in Las Iguanas Back Nine and La Romana de Caucana areas, in Santo Domingo, Dominican Republic. These projects were very interesting, as we developed a unique property that could operate as three separate dwellings with hotel board arrangements. This approach, along with layouts characteristic of tropical architecture, was fundamental in achieving an open but enclosed architectural style and volumes, creating open interior spaces.

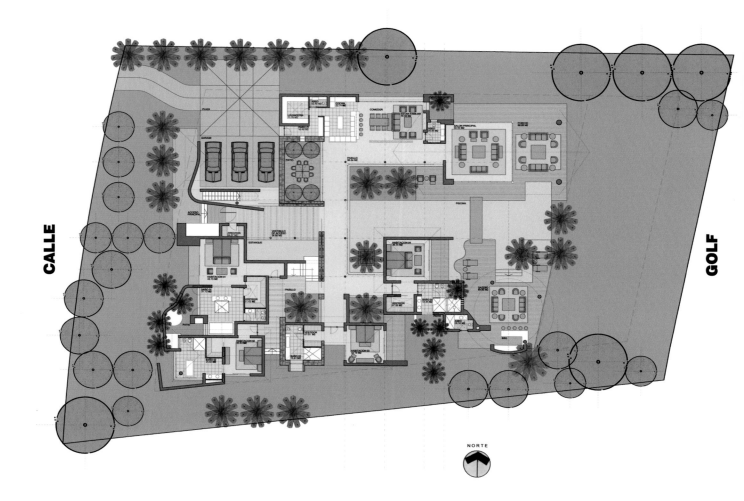

CALLE

GOLF

NORTE

Las viviendas se proyectaron con una distribución principalmente horizontal que ayuda a dar una escala adecuada a los distintos volúmenes que conforman las dependencias, los cuales, en su evolución y conexión a través de patios y pasillos, configuran los espacios vivideros interiores intrínsecamente conectados con el exterior, otorgando una fluidez total a la vivienda y a su entorno.

The homes were designed with a primarily horizontal layout, helping to provide a scale appropriate to the different volumes that make up the units. Through their evolution and connection through courtyards and corridors, indoor living spaces are shaped that are intrinsically connected with the outdoors, lending total fluidity to the housing and its environment.

#04**PR-ZGBM**

G23 + G24
Urbanización La Zagaleta
Benahavís. Málaga. ES
Descripción: proyecto de vivienda
unifamiliar
Sup. edificada: 1.593,53 m2
Año: 2006

G23 + G24
La Zagaleta complex
Benahavís. Málaga. ES
Description: single-family house plan
Built area: 1,593.53 m²
Year: 2006

En la urbanización La Zagaleta hemos desarrollado varios proyectos de viviendas. Cada uno de los proyectos diseñados presenta un estilo y una distribución distintos, debido a su integración en sus correspondientes parcelas, logrando así un diseño único e individual para cada casa que fomenta la exclusividad tan buscada en esta urbanización.

En todos los diseños, independientemente de su estilo final, se ha puesto énfasis en el correcto funcionamiento espacial de la vivienda y en su integración en el entorno. Todas las viviendas han sido resultado de reuniones, conversaciones, análisis e interpretaciones realizadas con cada uno de los clientes para adaptarse a sus exigencias y desarrollarlas con los estilos característicos de nuestra arquitectura.

We have developed various housing projects in La Zagaleta complex. Each of the projects has a different style and layout befitting their integration into their respective plots of land. This yields a unique and individual design for each house with the exclusivity that is striven for in this complex.

In all the designs, regardless of their final style, emphasis has been placed on the proper spatial functioning of the housing and its integration into the environment. Each home is the result of meetings, discussions, analysis and interpretation with individual clients to ensure that their requirements are met and developed with our distinctive architectural style.

H13

Urbanización La Zagaleta
Benahavís. Málaga. ES
Descripción: proyecto de vivienda
unifamiliar
Sup. edificada: 1.530,30 m²
Año: 2007

H13

La Zagaleta complex
Benahavís. Málaga. ES
Description: Single-family house plan
Built area: 1,530.30 m²
Year: 2007

Este proyecto, ubicado en la prestigiosa urbanización de La Zagaleta, supuso, por un lado, la adaptación a un entorno y a sus características particulares, y, por el otro, la adecuación de espacios funcionales, claros y diáfanos que ayuden a entender la arquitectura como una herramienta para la consecución de un objetivo, de unas sensaciones.

Se crea una simbiosis entre los usos, el edificio y el paisaje, proporcionando una armonía entre los colores y las texturas de los diferentes espacios en pos de un resultado equilibrado entre arquitectura y paisaje. Dicha armonía genera un espacio arquitectónico en el que la elección de los materiales, su adecuada conjunción dentro de unos espacios proporcionados, su integración en el jardín y demás zonas exteriores, su uso invierno/verano y la incorporación natural en el paisaje determinan los principios básicos de este proyecto.

This project, located in the prestigious La Zagaleta complex, involved integrating adaptation to an environment and its unique characteristics as well as creating functional, light and airy spaces; using architecture as a tool to achieve a goal and provoke sensations.

A symbiosis is created between uses, the building and its landscape, providing harmony between the colours and textures of the different spaces in pursuit of equilibrium between architecture and landscape. As a result, this harmony creates an architectural space in which the choice of materials, their proper juxtaposition within proportioned spaces, their integration into the garden and other outdoor areas, their use in winter/summer and their incorporation into the natural landscape determine the core principal of this plan.

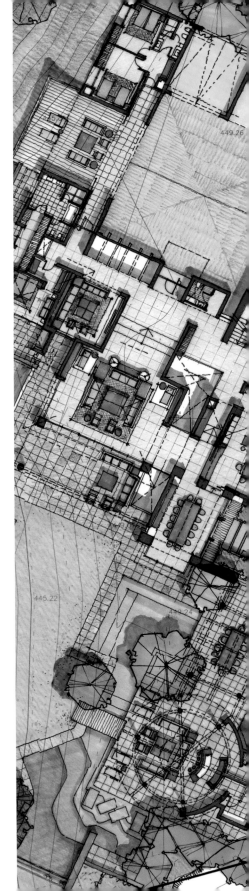

H25

Urbanización La Zagaleta
Benahavís. Málaga. ES
Descripción: proyecto de vivienda
unifamiliar
Sup. edificada: 1.466,94 m²
Año: 2008

H25

La Zagaleta complex
Benahavís. Málaga. ES
Description: single-family house
plan
Built area: 1,466.94 m²
Year: 2008

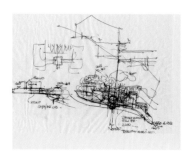
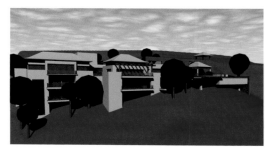
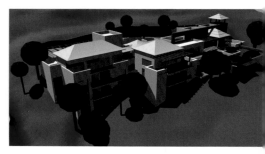

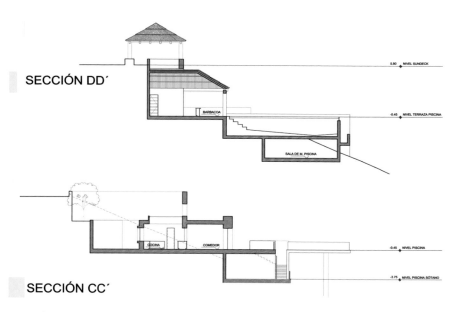

SECCIÓN DD´

SECCIÓN CC´

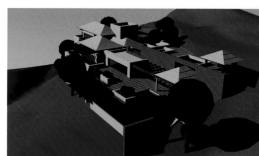

H47-48

Urbanización La Zagaleta
Benahavís. Málaga. ES
Descripción: proyecto para
2 viviendas unifamiliares
Sup. edificada H47: 890 m²
Sup. edificada H48: 675 m²
Año: 2008

H47-48

La Zagaleta complex
Benahavís. Málaga. ES
Description: plan for 2 single-
family houses
Built area H47: 890 m²
Built area H48: 675 m²
Year: 2008

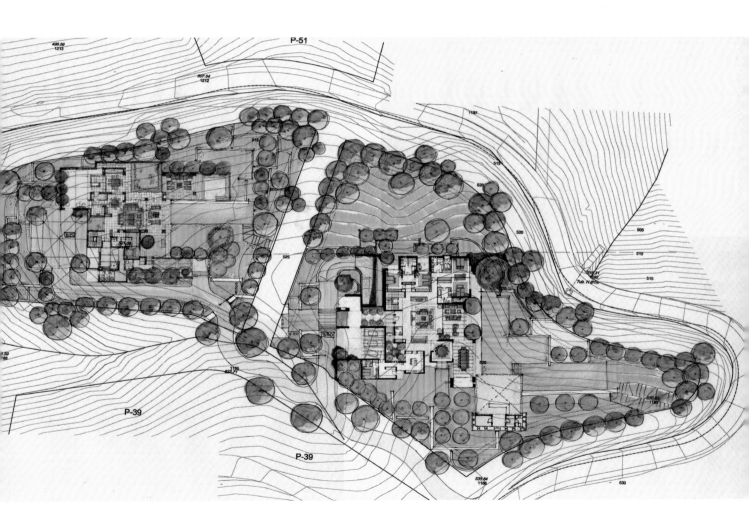

La Gran Reserva de Sotogrande
Sotogrande. San Roque. Cádiz. ES
Descripción: plan maestro para viviendas exclusivas
Superficie: 450.000 m²
Año: 2011

La Gran Reserva de Sotogrande
Sotogrande. San Roque. Cádiz. ES
Description: master plan for exclusive homes
Area: 450,000 m²
Year: 2011

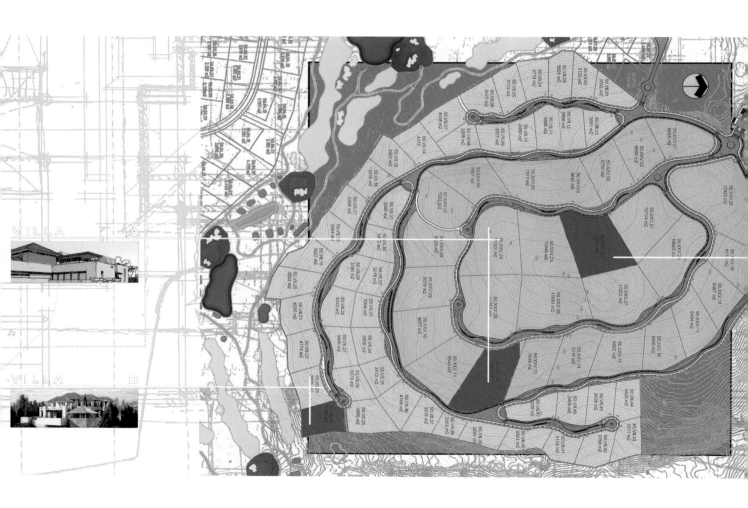

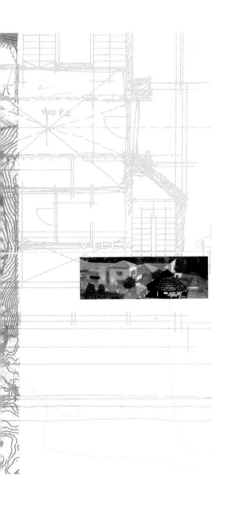

En este proyecto se ha diseñado el desarrollo de un plan maestro para viviendas situado en una loma en los alrededores del campo de golf La Reserva de Sotogrande. El valor paisajístico y la situación de la parcela hacen de ella un lugar inmejorable al que se aporta un valor añadido a través de la actuación urbanística que se realiza. El análisis de las parcelas toma en consideración una serie de parámetros que las definen –su orientación y sus vistas, su forma y su disposición–, confiriendo a la urbanización una imagen natural, idílica.

El criterio fundamental fue delimitar las parcelas sin muros en los linderos, marcándolos de alguna forma y resolviendo los desniveles entre plataformas mediante muros bajos de piedra, generando así plataformas para la circulación, los accesos y las plantaciones en aquellas zonas donde se necesite minimizar el impacto visual.

La ubicación de las construcciones en las parcelas resultantes se resuelve mediante la mayor ocupación en planta y el porcentaje mínimo necesario en planta alta, evitando elementos salientes que puedan ocasionar la interferencia de vistas a las demás parcelas. El control de los elementos constructivos, tales como el estilo y el color, permite que el conjunto se presente armónico, sin estridencias ni desequilibrios que alteren la imagen de conjunto.

This project aimed at developing a master plan for homes perched on a hill near La Reserva de Sotogrande golf course. The valuable landscape and location of the plot makes it a superb place, which gains value as urban planning development taking place. The analysis of the plots took into consideration a number of defining parameters: their orientation and views; their form and layout, and the need to bestow a natural and idyllic image upon the complex.

The main criterion was to delineate the plots without the use of walls, marking them out in some way, then to close the gaps between areas using low stone walls, creating platforms for circulation, access and planting in areas requiring minimal visual impact.

The majority of space in the resulting structures is allocated to the ground floor with the minimum required space allocated to upper storeys. This avoids obstructing the views from other plots. The choice of construction elements such as colour and style brings harmony, simplicity and equilibrium to the overall picture of the complex.

#06 PR-OMOM

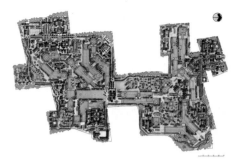

Nakheel Omán
Mascat. Omán. OM
Descripción: plan maestro para
viviendas + campo de golf + servicios
complementarios
Superficie: 1.250.000 m²
Año: 2010

Nakheel Omán
Muscat. Oman. OM
Description: master plan for housing
+ golf course + complementary
services
Area: 1,250,000 m²
Year: 2010

Este plan maestro se diseñó para una urbanización en Mascat (Omán). El proyecto se realiza sobre una parcela irregular de 1.889.496 m² de superficie. Como punto de partida, se proyecta un *routing* de golf basado en una geometría ortogonal y ordenada. Debido al tipo de parcela, la casa club de golf se proyecta en el centro y el campo se distribuye a ambos lados y es circundado por la edificación, creando dos centros verdes a modo de grandiosos patios.

La urbanización es principalmente residencial y está dotada de todos los servicios necesarios, como son las zonas comerciales, culturales y deportivas. Dentro del desarrollo también se incluye una zona hotelera. La geometría reflejada en el campo de golf va creando los ejes primordiales de los que surge la edificación, lo que propicia una integración completa entre paisaje y arquitectura.

This master plan was designed for a housing complex in Muscat, Oman. The plan was designed for an irregular plot with an area of 1,889,496 m². As a starting point, the golf route was planned based on a tidy orthogonal geometry. Because of the nature of the plot, the golf clubhouse is in the centre with the golf course spreading out on both sides, surrounded by the housing development, creating two green areas as large courtyards.

The complex is mainly residential and is equipped with all necessary amenities, such as shops and cultural and sporting activities, as well as a hotel zone. The geometry reflected in the golf course creates the primary axes from which the building emerges, yielding full integration between landscape and architecture.

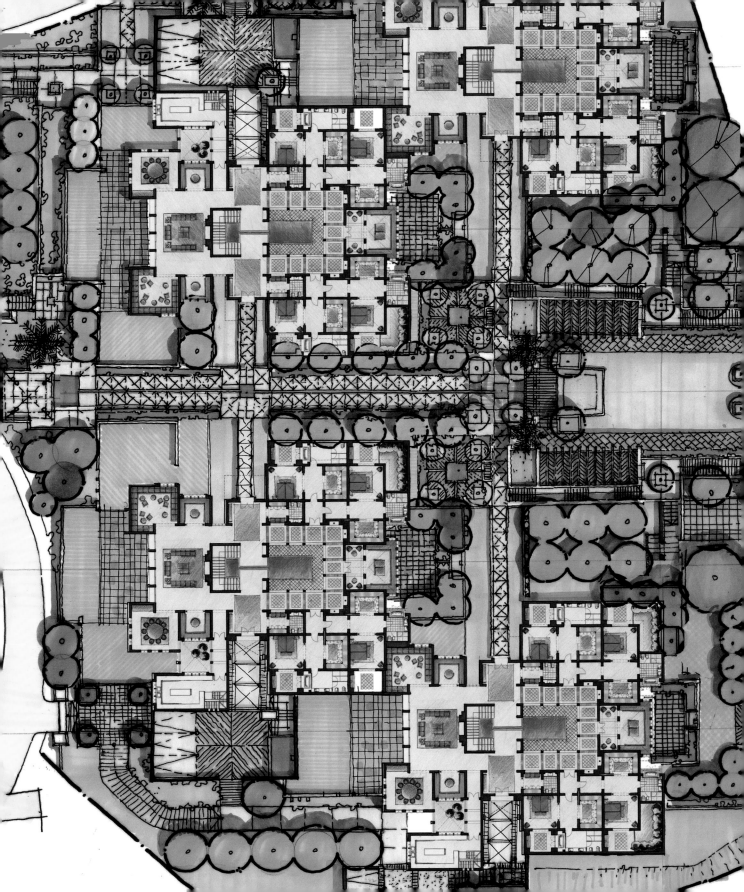

#07 **PR-SASA**

Arabia Saudí
Al-Khubar. Arabia Saudí. SAU
Descripción: vivienda unifamiliar
Sup. parcela: 12.500 m²
Sup. edificada: 3.500 m²
Año: 2009

Saudi Arabia
Al-Khubar. Saudi Arabia. SAU
Description: single-family house
Plot size: 12,500 m²
Built area: 3,500 m²
Year: 2009

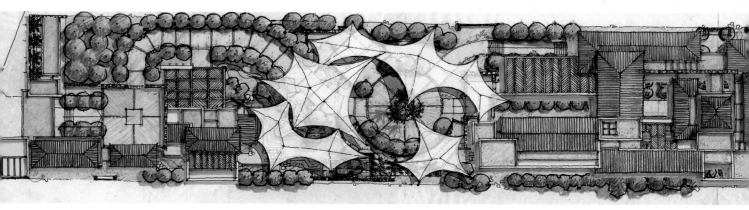

Se trata de un proyecto de vivienda desarrollado en la zona de Half Moon Bay, en el área de Azizia de la ciudad de Al-Khubar (Arabia Saudí). La construcción se ha diseñado sobre una parcela de gran extensión longitudinal, lo cual propicia una arquitectura de grandes recorridos en la que se ha fomentado tal concepto. Por medio de los recorridos se van descubriendo los distintos espacios interiores o cubiertos en conjunción con los exteriores hasta llegar a la gran edificación de la vivienda principal.

Esta edificación se dispone de tal manera que cada uno de los elementos arquitectónicos que configuran las dependencias crean espacios interiores abiertos que suavizan las duras condiciones climáticas. Se fomenta esta vida interior mediante recorridos, remates visuales, patios, jardines interiores y exteriores, pasillos y estanques. Todo esto da paso a una gran zona cubierta de vida exterior que acaba sobre la playa y el mar del golfo Arábigo.

This is a housing project developed in the Half Moon Bay area in the Azizia district of the city of Al-Khubar, Saudi Arabia. Construction was planned for a very elongated plot, which is ideal for an architectural style that has developed the concept of using great lengths. The corridors lead users to discover various indoor and covered spaces joined to the exterior spaces until reaching the large structure of the main dwelling.

This building is arranged so that open interior spaces are created by each of the architectural elements that make up the rooms, providing shelter from harsh weather conditions. This indoor life is encouraged through hallways, visual finishes, courtyards, indoor and outdoor gardens, walkways and ponds, all of them leading to a large covered outdoor living area just above the beach and the Arabian Gulf.

#08 PR-MM

Les Rosaries

Marrakech. Marruecos. MAR
Descripción: desarrollo turístico de
viviendas + hotel + campo de golf
Sup. parcela: 235.000 m²
Sup. edificada: 85.000 m²
Año: 2005

Les Rosaries

Marrakech. Morocco. MAR
Description: tourist residential
development + hotel + golf course
Plot size: 235,000 m²
Built area: 85,000 m²
Year: 2005

Este desarrollo turístico e inmobiliario se proyectó en Marrakech. Con la intención de generar un oasis, se parte de unos ejes muy claros que sirven de matriz del diseño. En la zona central se ubica un gran hotel de lujo que ejerce de polo alrededor del cual gira el resto del desarrollo. Siguiendo el eje central del hotel, se desemboca en una gran piscina que rebosa en cascada sobre un gran lago alrededor del cual se plantean cuatro viviendas *riad* de doce habitaciones cada una.

De los ejes angulares del hotel se proyectan cuatro grupos cerrados en su propio entorno pero a la vez integrados en el desarrollo completo, de doce y ocho residencias, cada una con su propio jardín con piscina. Desde el acceso al gran recinto atravesamos la zona más pública del conjunto, donde se proyectan un pequeño campo de *pitch & putt* de golf, un club de tenis y un centro de belleza-*spa*.

Se proyectó un estilo arquitectónico tradicional marroquí en conjunción con elementos y volumetrías más contemporáneas, y se prestó especial atención al paisajismo, el cual integra las distintas zonas de actuación a la vez que crea entornos más cerrados.

This tourism and residential development was planned in Marrakech. Very clear core concepts served as a design matrix with the intention of creating an oasis. In the central area there is a large luxury hotel that acts as a hub around which the rest of the development revolves. By following the central axis of the hotel, we reach a large infinity pool cascading over a big lake around which four *riad* houses with twelve rooms each are arranged.

Around the angular centres of the hotel are four closed groups of twelve and eight residences in their own environment yet also integrated into the development as a whole, each with its own garden and pool. From the entrance to the complex, we cross the most public area of all, where we find a small pitch & putt course, a tennis club and a beauty spa.

The plans follow traditional Moroccan architectural style in conjunction with more contemporary elements and volumes, and special attention was paid to the landscaping, which integrates the different activity areas while also creating more enclosed zones.

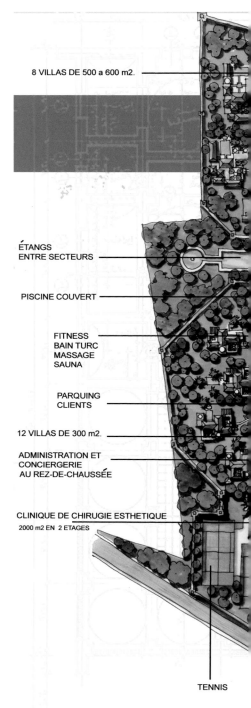

8 VILLAS DE 500 a 600 m2.

ÉTANGS
ENTRE SECTEURS

PISCINE COUVERT

FITNESS
BAIN TURC
MASSAGE
SAUNA

PARQUING
CLIENTS

12 VILLAS DE 300 m2.

ADMINISTRATION ET
CONCIERGERIE
AU REZ-DE-CHAUSSÉE

CLINIQUE DE CHIRUGIE ESTHETIQUE
2000 m2 EN 2 ETAGES

TENNIS

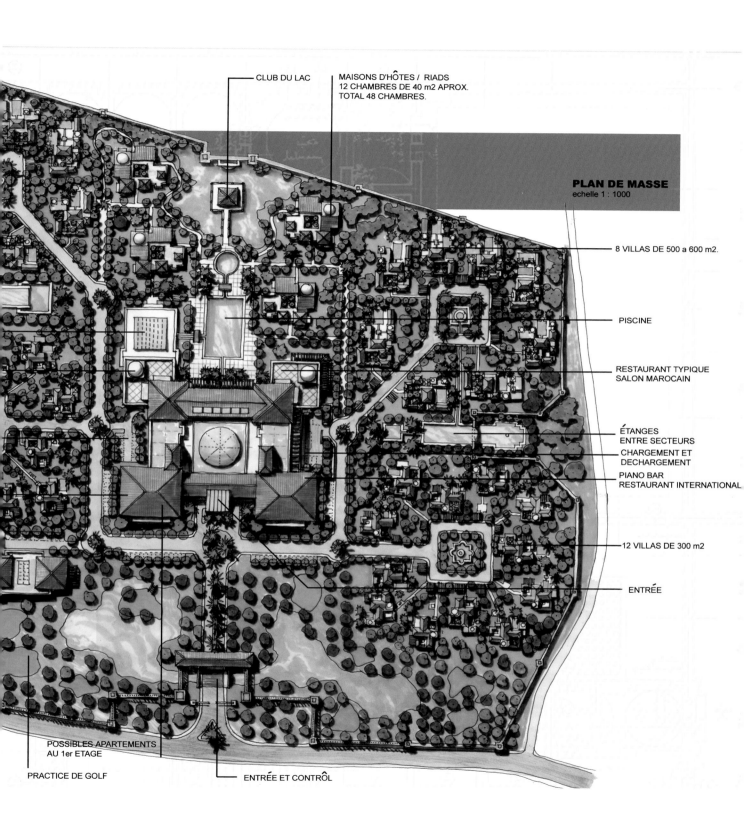

CLUB DU LAC

MAISONS D'HÔTES / RIADS
12 CHAMBRES DE 40 m2 APROX.
TOTAL 48 CHAMBRES.

PLAN DE MASSE
echelle 1 : 1000

8 VILLAS DE 500 a 600 m2.

PISCINE

RESTAURANT TYPIQUE
SALON MAROCAIN

ÉTANGES
ENTRE SECTEURS

CHARGEMENT ET
DECHARGEMENT

PIANO BAR
RESTAURANT INTERNATIONAL

12 VILLAS DE 300 m2

ENTRÉE

POSSIBLES APARTEMENTS
AU 1er ETAGE

PRACTICE DE GOLF

ENTRÉE ET CONTRÔL

385

#09**PR-DSBM**

Vivienda Unifamiliar Santa Bárbara
Urbanización Santa Margarita
Marbella. Málaga. ES
Descripción: proyecto para 2 viviendas
unifamiliares
Superficie: 1.522,39 + 1.514,46 m²
Año: 2009

Vivienda Unifamiliar Santa Bárbara
Santa Margarita complex
Marbella. Málaga. ES
Description: plan for 2 single-family
houses
Area: 1,522.39 + 1,514.46 m²
Year: 2009

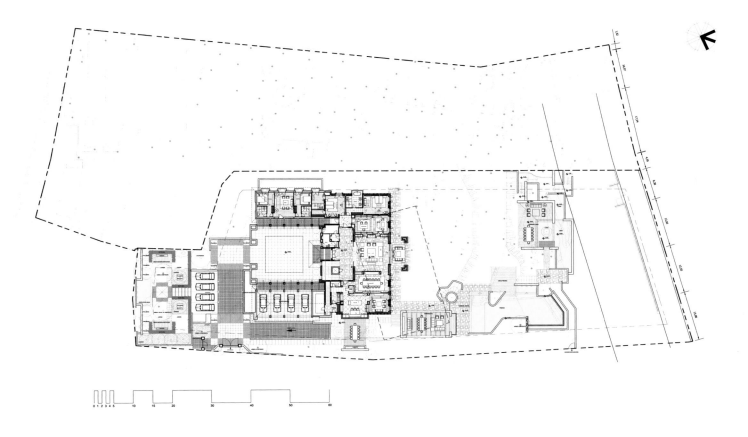

Este proyecto en la finca Santa Bárbara, situada en primera línea de playa de la prestigiosa urbanización Marbella Club, se encuentra en fase de desarrollo. Dada la importancia de la situación y la exigencia de los clientes, se realiza el proyecto con la premisa fundamental de crear una de las mejores propiedades de la zona.

La concepción de la casa parte de un estilo arquitectónico clásico en planta y volumetría en combinación con volúmenes más contemporáneos. Tanto en los exteriores como en los interiores se han fusionado los elementos clásicos y los contemporáneos sin llegar a un exceso, provocando así que, toda vez que cada volumen destaca entre los demás, también se crea una interrelación entre ellos dentro de una correcta proporción y armonía.

This project in Santa Bárbara estate, located on the beachfront in the prestigious Marbella Club complex, is under development. Given the importance of the location and the clients' demands, the plan was created out with the fundamental premise of creating one of the best properties in the area.

The starting point for the design of the house was a classic architectural style in plan and in volumes in combination with more contemporary structures. Classic and contemporary elements have been combined in both the exterior and the interior spaces without being excessive. This ensures that each volume stands out among the others, whilst also creating a relationship between them with the correct proportion and harmony.

#10 PR-VLRA

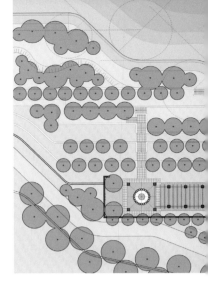

Azerbaiyán
Mingacevir. Azerbaiyán. AZ
Descripción: proyecto de vivienda
unifamiliar con embarcadero
Sup. edificada: 6.183,10 m²
Año: 2009

Azerbaijan
Mingacevir. Azerbaijan. AZ
Description: plan for single-family
house with jetty
Built area: 6,183.10 m²
Year: 2009

En Mingacevir (Azerbaiyán) desarrollamos el proyecto de una gran vivienda, de unos 3.500 m², que partía ya de una estructura correspondiente al proyecto original, que se había quedado corto en cuanto a la satisfacción de las necesidades de la propiedad. Prestando gran atención al nuevo programa, empleando la estructura existente como matriz y tomando en cuenta la localización –una zona boscosa y enfrente de un río– surge el diseño, cuya premisa fundamental fue crear una relación directa entre el exterior y el interior, intersecándolos y conectándolos mediante volúmenes arquitectónicos y volumetrías naturales del paisajismo.

Se crea una planta baja sólida a modo de basamento en contrapunto con la ligereza de la planta alta. En la planta baja se diseñan porches y muros que sirven tanto para absorber el espacio exterior como para conectar el interior con los exteriores, estableciendo una perfecta relación en todo el conjunto.

In Mingacevir, Azerbaijan we developed a plan for a large house measuring around 3,500 m² that was based on an existing structure from the original plan, which had failed to meet the needs required of the property. Paying close attention to the new agenda, the design emerged using the existing structure as a frame and taking into account the location: a wooded river-front area. The basic remit was to create a direct relationship between the exterior and the interior, intersecting and connecting the two through architectural structures and natural volumes of the landscaping.

A solid ground floor was created as a basement to contrast with the lightness of the upper floor. The porches and walls on the ground floor serve not only to absorb the exterior space but also to connect the interior with the exterior, establishing perfect equilibrium throughout the whole plan.

#11 PR-HARGG

Aldea Real
Puerto Real. Cádiz. ES
Descripción: proyecto para hotel
de 5 estrellas + apartamentos
Superficie: 17.365,95 m²
Año: 2007

Aldea Real
Puerto Real. Cádiz. ES
Description: plan for 5-star hotel
+ apartments
Area: 17,365.95 m²
Year: 2007

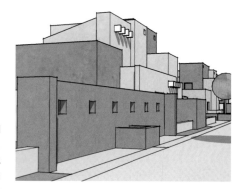

ALDEA REAL GRUPO GÁLIA

M-14 (14)

Este primer proyecto fue ejecutado en el desarrollo urbanístico de Aldea Real, en Puerto Real (Cádiz). Consta de 35 viviendas en manzana de bloques plurifamiliares, de las cuales 23 son viviendas unifamiliares y doce son apartamentos.

Las 23 viviendas unifamiliares, de tres dormitorios, se han dispuesto en U, todas con salidas de vistas hacia una gran zona verde, creando un espacio central donde se ubican los apartamentos y las zonas comunes. Las viviendas abrazan así esta zona central en la que se ha desarrollado con gran detalle la arquitectura del paisaje, fundamental para obtener una integración y coherencia en todo el conjunto.Los doce apartamentos, de dos dormitorios, se han orientado hacia el campo de golf, sin interferir las vistas de las demás viviendas, dando así un gran sentido de espacialidad y profundidad visual desde cada vivienda.

M-29 (15)

Emplazado en la manzana 29 del desarrollo urbanístico de Aldea Real, en Puerto Real (Cádiz) se encuentra este complejo de 51 viviendas en bloques plurifamiliares sobre una parcela de 16.649,55 m², distribuidos en 35 viviendas unifamiliares adosadas y 16 apartamentos. La disposición alargada de la parcela, paralela al campo de golf, ha sido fundamental para la implantación de las viviendas.

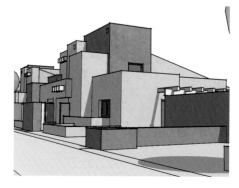

Las viviendas unifamiliares adosadas se ubican en la zona sur de la parcela, creando una franja de edificación en tres unidades. Las dos unidades laterales se giran hacia el campo de golf, creando una gran zona central donde se ubican los apartamentos y las zonas ajardinadas con piscina comunitaria en primera línea de golf. El conjunto se ha configurado con mucho movimiento, y a través de la volumetría de la arquitectura se logra una gran integración de todo el conjunto tanto visual como espacial.

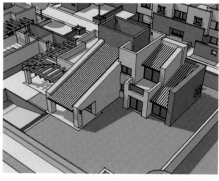

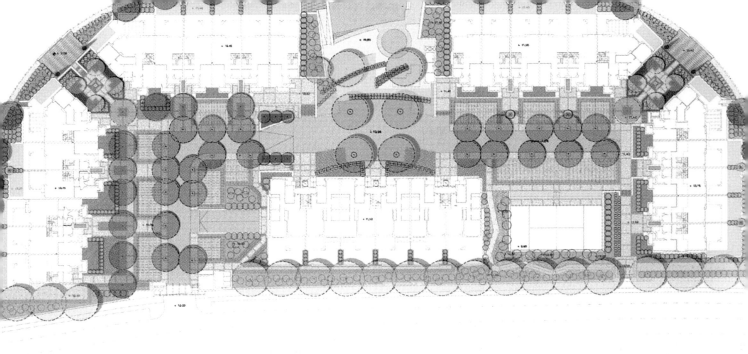

M-2 y 3 (16)

Esta parcela del desarrollo de Villanueva Golf en Puerto Real (Cádiz)
estaba regulada para viviendas
unifamiliares, las cuales tendrían
acceso por los viales que circundan
la parcela. Se proyectaron seis villas
unifamiliares y doce villas pareadas.
Para evitar las interferencias de vistas
y los accesos rodados desde los
viales de la urbanización, se implantó
un vial privado central con un único
acceso y salida a todas las viviendas,
creando un conjunto residencial
cerrado. Esto ha evitado la excesiva
apertura hacia los viales y ha permitido
mejores salidas de vista de todas las
viviendas, ya que ha evitado que se
orientaran unas enfrentadas a otras
y el acceso rodado por los jardines
principales.

Esta propuesta ha otorgado un gran
nivel de privacidad y exclusividad al
contener todas las viviendas en un
recinto cerrado. Las villas unifamiliares,
de 231 m² cada una, constan de dos
plantas en las que se distribuyen tres
habitaciones en planta baja con dos

baños y una habitación de servicio,
así como cocina, lavandería, salón-
comedor y un aseo de cortesía.
Las villas pareadas, de 153 m²
cada una, se distribuyen en dos
plantas; en la planta baja se ubica
una habitación, el baño, la cocina,
la lavandería y el salón-comedor,
mientras que en la planta alta se
distribuyen tres habitaciones, de
las cuales dos comparten baño y
la tercera es la habitación principal
con baño y vestidor. Tanto las villas
exentas como las pareadas gozan
de jardines privados y piscina.

Se han diseñado las viviendas a
partir de grandes volúmenes con
movimientos entre sí, que dan una
sensación de robustez en contra-
posición con las grandes cubiertas
inclinadas de los salones en doble
altura y que se extienden formando
porches, aportando la ligereza suficiente para lograr armonía en las
proporciones del conjunto

HOTEL & APARTAMENTOS

El proyecto del hotel y los apartamentos se realizó como un
seguimiento del proyecto ejecutado
en la manzana lindante M-29 del
mismo desarrollo. El hotel, de líneas
sencillas y depuradas, se concibió
con grandes espacios relacionados
entre sí y abiertos al campo de
golf, integrando ambos espacios.
Proyectado sobre una parcela de
15.503,25 m², cuenta con 82 habitaciones con categoría de hotel de
5 estrellas y 39 unidades en régimen
de hotel apartamento. El proyecto
ocupa 5.482 m² de la parcela y se
desarrolla en una superficie edificada
de 11.990 m².

ALDEA REAL GRUPO GÁLIA

M-14 (14)

This first project was executed in the urban development of Aldea Real, in Puerto Real (Cádiz). It consists of 35 dwellings in a complex consisting of 23 houses and twelve apartments.

The 23 houses, with three bedrooms each, are arranged in a U shape, all with views over a large green area, creating a large central space where the apartments and communal areas are situated. This positioning means that the dwellings embrace the central space, where the architectural landscape has been developed in exquisite detail, fundamental to integration and consistency throughout the complex. The twelve two-bedroom apartments face the golf course without interfering with the views from the other residences, resulting in a sense of spaciousness and visual depth from each home.

M-29 (15)

This complex of 51 homes is set in block 29 of the Aldea Real urban development, in Puerto Real, Cádiz. On a plot measuring 16,649.55 m², this complex is divided into 35 townhouses and 16 apartments. The elongated layout of the plot, running parallel to the golf course, was pivotal in planning the positioning of the homes.

The townhouses are located in the southern part of the plot, creating a strip of three buildings. The two units at the side rotate and turn towards the golf course, creating a large central area which houses the apartments and gardens with a communal pool at the edge of the golf course. The complex has been shaped with a great deal of movement and a high degree of visual and spatial integration is achieved through the architectural volumes.

M-2 and 3 (16)

This plot at Villanueva Golf in Puerto Real, Cádiz was designated for the construction of single-family houses, which would be reached by roads surrounding the plot. The plan was for six villas and twelve semi-detached villas. To avoid the obstruction of views and vehicular access from the roads in the development, we designed a central private road with a single entrance and exit point for all of the homes, creating a closed residential complex. This avoided excessive opening onto the roads and allowed better views from all the homes, as well as avoiding them facing one another and the access road going through the main gardens.

This design provides a high degree of privacy and exclusivity by placing all the homes in an enclosed area. The villas, each measuring 231 m², have two floors. There are three rooms on the ground floor, with two bathrooms and a room for domestic staff, as well as a kitchen, laundry room, living room and a toilet. The semi-detached villas, each measuring 153 m², have two floors. The ground floor has one bedroom, bathroom, kitchen, laundry and living-dining room. Upstairs, there are three bedrooms, two of which share a bathroom while the third, the master bedroom has its own bathroom and dressing room. All the villas have the luxury of private gardens and a swimming pool.

The homes were designed based on large volumes with movement among them, giving a sense of strength contrasting with the large sloping roofs of the double-height living rooms that extend to form porches, providing enough light to achieve harmony in the proportions of the ensemble.

HOTEL & APARTMENTS

The plans for the hotel and apartment project were designed as a follow-up to the project in the adjoining block M-29 in the same development. The hotel, with its simple refined lines, was designed with large interconnected spaces open to the golf course, which integrates both spaces. Designed on a plot measuring 15,503.25 m², it has 82 rooms with a 5-star hotel category and 39-unit apart-hotel. The project occupies 5,482 m² of the plot and develops into a built area totalling 11,990 m².

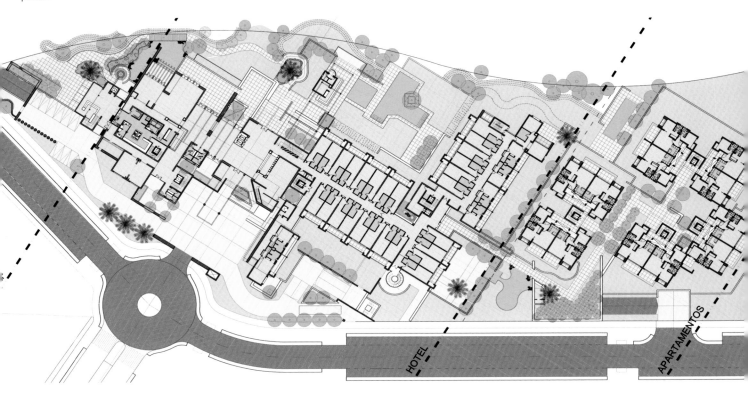

#12 PR-CPC

Concurso Paradores Cádiz
Cádiz. Cádiz. ES
Descripción: proyecto para un nuevo parador
Sup. edificada: 7.500 m²
Año: 2012

Concurso Paradores Cádiz
Cádiz. Cádiz. ES
Description: proyect for new hotel
Built area: 7,500 m²
Year: 2012

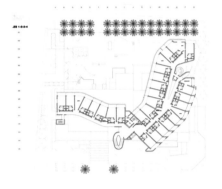

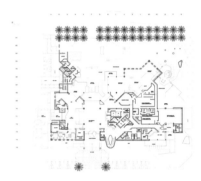

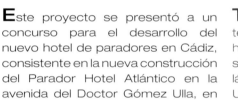

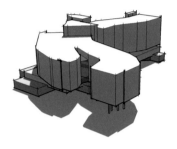

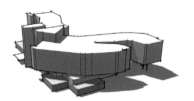

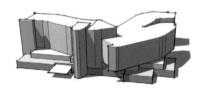

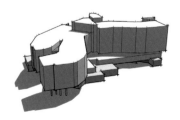

Este proyecto se presentó a un concurso para el desarrollo del nuevo hotel de paradores en Cádiz, consistente en la nueva construcción del Parador Hotel Atlántico en la avenida del Doctor Gómez Ulla, en Cádiz.

Situado en el entorno histórico del Castillo de Santa Catalina, surge casi inevitablemente la creación de un hito simbólico que se adapte a la herencia arquitectónica de su localización pero que a la vez aporte aspectos de la arquitectura actual y contemporánea. Se proyecta un edificio que se adapta a esta idea dentro de las disposiciones y los requerimientos, en el que se crea una gran base de dos plantas a modo de fuerte y en el que las plantas superiores se tratan con gran ligereza y movimiento, intentando lograr una armonía entre sí y con el entorno.

This project was submitted in the tender for the development of a new hotel in Cádiz, which involved the construction of the new Parador Hotel Atlántico on Avenida del Doctor Gómez Ulla, in Cádiz.

Located in the historic environs of the Castillo de Santa Catalina, the new hotel almost inevitably creates a symbolic milestone appropriate to the architectural heritage of its location but also uses aspects from contemporary architecture. The plan is for a building that blends this concept with the provisions for and requirements of a hotel. The lower two floors are created for strength, while the upper floors are treated with great lightness and movement, striving to achieve harmony within itself and with the environment.

A B C D E F G H I J K L M N O P Q

PLANTA ATICO
PLANTA 4to NIVEL
PLANTA 3er NIVEL
PLANTA 2do NIVEL
PLANTA 1er NIVEL
NIVEL TECNICO
ENTREPLANTA

PLANTA BAJA

ALZADO SUR

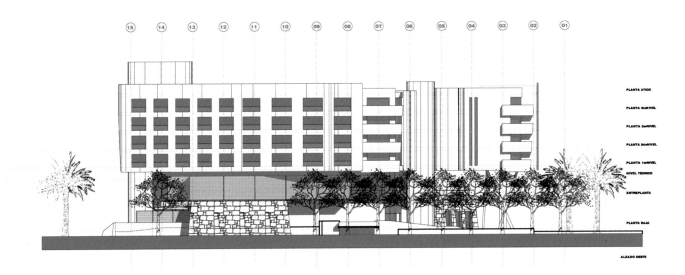

15 14 13 12 11 10 09 08 07 06 05 04 03 02 01

PLANTA ATICO
PLANTA 4to NIVEL
PLANTA 3er NIVEL
PLANTA 2do NIVEL
PLANTA 1er NIVEL
NIVEL TECNICO
ENTREPLANTA

PLANTA BAJA

ALZADO OESTE

#13 PR-CLC

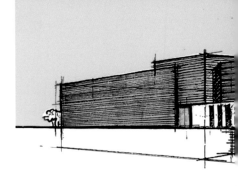

CLC Cines Lucena
Los Polvillares
Lucena. Córdoba. ES
Descripción: centro comercial + cines
Sup. edificada: 26.890 m²
Año: 2008

CLC Cines Lucena
Los Polvillares
Lucena. Córdoba. ES
Description: shopping mall + cinemas
Built area: 26,890 m²
Year: 2008

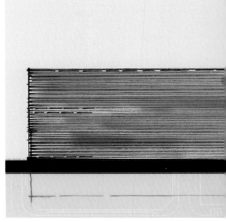

Aquí se diseñó un proyecto para la construcción de un parque comercial, conformado por aparcamientos, locales comerciales, locales de restauración y salas de cine, ubicado sobre dos manzanas con una superficie total de 10.000 m² en Los Polvillares, un polígono situado en Lucena (Córdoba).

En una de las manzanas se ha proyectado un gran centro en dos plantas con aparcamiento, locales comerciales, locales de restauración y un gran centro de una cadena de hipermercados a modo de tienda ancla, ocupando una superficie de construcción total de 13.375 m². En la siguiente manzana se proyecta una edificación que engloba aparcamiento, salas de cine, gimnasio, centro de entretenimiento familiar, locales comerciales y locales de restauración, con una superficie de construcción total de 13.521 m².

Los referentes arquitectónicos han sido el diseño de grandes espacios abiertos dentro de la edificación y la creación de una volumetría general que da movimiento a todo el conjunto y logra una escala suave y proporcionada.

The plan for this project was to build a commercial park comprising car parks, shops, dining and theatres located on two plots with a total area of 10,000 m² in Los Polvillares district, in Lucena, Córdoba.

In one of the plots, a large, two-storey centre was designed with parking, retail space, dining and a large supermarket chain as the anchor, occupying a total area of 13,375 m². In the next plot, the plan defined a building that includes a car park, cinemas, a fitness centre, family entertainment, retail and dining options, all in a total area measuring 13,521 m².

The architectural points of reference are the large open spaces designed within the building and the creation of an overall structure that gives movement to the whole project and achieves smooth and balanced proportions.

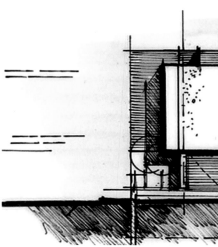

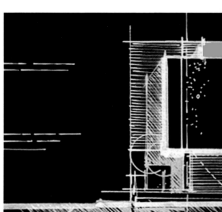

PR-CAPBM

APBM Ampliación Puerto Banús
Marbella. Málaga. ES
Descripción: renovación y expansión
de Puerto Banús
Sup. edificada: 78,000 m²
Year: 2000

APBM Ampliación Puerto Banús
Marbella. Málaga. ES
Description: renovation and
enlargement of Puerto Banús
Built area: 78,000 m²
Year: 2000

#15 **PR-CSNG**

Cetursa

Sierra Nevada. Granada. ES

Descripción: remodelación de la edificaciones en las pistas de esquí + ampliación de los servicios a las nuevas pistas

Superficie: 15.000 m² en seis edificios

Año: 1994

Cetursa

Sierra Nevada. Granada. ES

Description: renovation of buildings on ski slopes + expanding services to new ski runs

Area: 15,000 m² in six buildings

Year: 1994

Imagen de uno de los seis edificios

Como sede de los campeonatos del mundo de esquí de 1995, Sierra Nevada, en Granada, se ve obligada a actualizar todas sus instalaciones. Entre otros proyectos llevados a cabo están las intervenciones de ampliación y mejora de las nuevas pistas de alta montaña, con un programa que responde a las necesidades para la correcta práctica del deporte. Así, la estación cuenta con una edificación dedicada a la hostelería, el refugio y los primeros auxilios, los almacenes de equipos, la escuela de principiantes y el alquiler de equipos, además de las instalaciones de los remontes mecánicos para el acceso a las pistas.

La ordenación del espacio consiste no solo en la edificación sino también en la organización del espacio exterior para dar cabida a las diferentes pistas, ya sean de participantes, para el uso de las escuelas o con categoría de estacas azules.

La superficie de actuación fue de unos 60.000 m², de los cuales la edificación ocupa una totalidad de 15.000 m² en seis edificios. El carácter de las construcciones es netamente alpino, adaptado a las características del lugar y condicionado fundamentalmente por el uso de materiales locales.

Image corresponding to one of the six buildings

As host of the 1995 World Ski Championships, Sierra Nevada, Granada, was forced to upgrade its facilities. Among the projects carried out were extensions and improvements of new ski runs in the mountains, with a program that meets the criteria for the correct practice of the sport. This provided the resort with a building dedicated to hospitality, shelter and first aid, equipment storage, a beginners' school and equipment hire, in addition to ski lift facilities for access to the slopes.

The spatial organisation comprises not only the construction but also the organisation of outdoor space to accommodate the different ski runs, whether they are for participants, school use or blue-stake ski runs.

The area in use measures around 60,000 m², of which the six buildings occupies 15,000 m². The character of the building is purely alpine, adapted to local features and built using local materials wherever possible.

Hay que insistir, una vez más, en la interrelación entre la pluralidad de actividades que se abarcan y la coparticipación en todos y cada uno de los trabajos: el proyecto de arquitectura propiamente dicho se solidifica con el interiorismo, el paisajismo, la iluminación… De esa unión armónica surge el todo, una pieza única, un edificio destinado a una finalidad para la que se han contemplado todos los detalles.

En los proyectos donde el diseño gráfico es parte esencial y condicionante del resultado final, la proximidad con la arquitectura ayuda a comprender mejor el mensaje y a expresarlo con rotundidad. En ciertas ocasiones debemos prestar atención a todos los elementos del proyecto comercial –colorido, publicidad, diseño gráfico– para que el resultado sea único en todos sus aspectos.

MS no solo actúa en proyectos integrales, sino que colabora y realiza trabajos de publicidad y diseño gráfico como actividad complementaria a la labor de arquitectos.

DISEÑO GRÁFICO
GRAPHIC DESIGN

Once again, we must stress the importance of the interface between the many activities that take place and participation in each and every project: the architecture project itself encompasses the interior, landscaping, lighting... From this harmonious union emerges the ensemble; a unique piece is born, a building for a purpose for that has been considered down to the finest detail.

In projects where graphic design is an essential and determining part of the final result, a close relationship with architecture helps to clarify understanding of the message and thus express it emphatically. On occasion, we must consider all the elements of a commercial project –colour, advertising, graphic design–, creating a result that is unique in all aspects.

MS not only works on integrated projects but also performs and collaborates on advertising and graphic design projects as a complement to their work as architects.

CAFÉ MARBELLA
RESTAURANTE
RESTAURANT

KŌMORI

KOMORI
RESTAURANTE JAPONÉS
JAPANESE RESTAURANT

LA TERRAZA
RESTAURANTE
RESTAURANT

FONS Y ASOCIADOS
DESPACHO DE PATENTES Y MARCAS
PATENT AND TRADEMARK OFFICE

CONEZ
EMPRESA CONSTRUCTORA
CONSTRUCTION COMPANY

PÁEZ ABOGADOS
DESPACHO DE ABOGADOS
LEGAL PRACTICE

PLURAL BRASIL
GRUPO PROMOTOR
DEVELOPMENT GROUP

DIANA MORALES
INMOBILIARIA
REAL ESTATE

AGAVE REAL
URBANIZACIÓN
HOUSING COMPLEX

ISLANTILLA RESORT
GOLF RESORT
GOLF RESORT

MS DESIGN

MS DESIGN
ARQUITECTOS
ARCHITECTS

KABUKI
RESTAURANTE JAPONÉS
JAPANESE RESTAURANT

LOS BANDIDOS
RESTAURANTE BISTROT
RESTAURANT BISTRO

VALLE DEL ESTE
GOLF RESORT
GOLF RESORT

H24
VIVIENDA UNIFAMILIAR
SINGLE-FAMILY HOUSE

JUANCHO ASENJO
ENÓLOGO
OENOLOGIST

L'IMPRONTA
RESTAURANTE
RESTAURANT

LISTADO HISTÓRICO
HISTORY LIST

Una pequeña muestra de los años pasados

A brief showcase of the past years

_01
URBANISMO

Club de Campo y Golf + Casa Club Ronda
Finca La Heredad
Ronda. Málaga. ES
Descripción: Club de campo + golf
+ casa club
Sup. finca: 7.838 m²
Sup. casa club: 5.793 m²

Párking Público Huerta del Carmen
Lucena. Córdoba. ES
Descripción: aparcamiento subterráneo
de 260 plazas
Sup. parcela: 5.000 m²
Sup. total const.: 7.156 m²

Párking Público Plaza Nueva
Lucena. Córdoba. ES
Descripción: aparcamiento subterráneo
de 369 plazas
Sup. parcela: 2.600 m²
Sup. total const.: 9.888 m²

_02
ARQUITECTURA COLECTIVA

Calahonda Development
Calahonda. Granada. ES
Descripción: 104 apartamentos
en 17 bloques
Sup. parcela: 16.235 m²
Sup. total const.: 12.312 m²
Año: 2004

Costalita del Mar
Estepona. Málaga. ES
Descripción: 104 apartamentos
en 17 bloques
Sup. parcela: 16.235 m²
Sup. total const.: 12.312 m²
Año: 2004

Vistahermosa
Islantilla. Isla Cristina. Huelva. ES
Descripción: 104 apartamentos
en 17 bloques
Sup. parcela: 16.235 m²
Sup. total const.: 12.312 m²
Año: 2003

Altavista Huelva
Islantilla. Isla Cristina. Huelva. ES
Descripción: viviendas multifamiliares
Superficie: 6.500 m²
Año: 2001

Playas del Duque
Urbanización Nueva Andalucía
Marbella. Málaga. ES
Descripción: viviendas multifamiliares
Superficie: 6.200 m²
Año: 1978

Atlántica Avanco
Islantilla. Isla Cristina. Huelva. ES
Descripción: viviendas multifamiliares
Superficie: 5.200 m²
Año: 1999

Villanueva de los Castillejos
Villanueva de los Castillejos. Huelva. ES
Descripción: viviendas multifamiliares
Superficie: 12.000 m²
Año: 2004

Edificio Orión
Urbanización Nueva Andalucía
Marbella. Málaga. ES
Descripción: viviendas multifamiliares
Superficie: 7.350 m²
Año: 2002

Jardines del Puerto
Marbella. Málaga. ES
Descripción: viviendas multifamiliares
Superficie: 6.740 m²
Año: 1983

Flores de Andalucía
Urbanización Nueva Andalucía
Marbella. Málaga. ES
Descripción: urbanización con
8 viviendas unifamiliares
Superficie: 14.000 m²
Año: 1984

Urbanización Villa Marina
Urbanización Nueva Andalucía
Marbella. Málaga. ES
Descripción: urbanización
con 12 viviendas unifamiliares
Superficie: 12.000 m²
Año: 1980

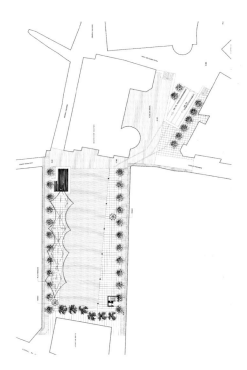

_03
ARQUITECTURA RESIDENCIAL

APT. Puerto Banús Arquitectura Interior + Reforma
Puerto Banús. Marbella. Málaga. ES
Descripción: reforma
+ adecuación de apartamento
Superficie: 120 m²
Año: 2008

Arquitectura Interior + Decoración
Urbanización Monteparaíso
Marbella. Málaga. ES
Descripción: reforma de apartamento
+ decoración
Sup. total const.: 300 m²

Arquitectura Interior + Decoración

Urbanización Puente Romano
Marbella. Málaga. ES
Descripción: reforma de vivienda
+ decoración
Sup. total const.: 350 m²

Arquitectura Interior + Decoración

Urbanización Aloha Golf
Marbella. Málaga. ES
Descripción: reforma de vivienda
unifamiliar
Superficie: 195,05 m²
Año: 2004

Reforma + Arquitectura Interior + Decoración

Urbanización Peña Blanca-Aloha Golf
Marbella. Málaga. ES
Descripción: reforma de vivienda
adosada
Superficie: 350 m²
Año: 2004

Vivienda Unifamiliar NVM

Cascadas de Camoján
Marbella. Málaga. ES
Descripción: vivienda unifamiliar
Superficie: 2.468,39 m²
Año: 2010

Vivienda Unifamiliar GB145

Urbanización Guadalmina
Parcela 145 A/B. Marbella. Málaga. ES
Sup. planta alta: 219,22 m²
Sup. planta baja: 559,28 m²
Sup. planta sótano: 334,88 m²
Sup. parcela: 4.165,00 m²
Sup. total const.: 1.113,38 m²

Vivienda Unifamiliar NA70F

Urbanización Nueva Andalucía
Parcelas 70E + 70F, sector 4
Marbella. Málaga. ES
Sup. planta alta: 173,63 m²
Sup. planta baja: 369,24 m²
Sup. planta sótano: 52,50 m²
Sup. parcela: 2.792,41 m²
Sup. total const.: 595,37 m²

Vivienda Unifamiliar MH18

Urbanización Montehalcones
Parcela 18. Benahavís. Málaga. ES
Sup. planta alta: 261,46 m²
Sup. planta baja: 329,24 m²
Sup. planta sótano: 170,78 m²
Sup. parcela: 2.202 m²
Sup. total const.: 761,48 m²

Vivienda Unifamiliar SB16

Urbanización Sierra Blanca
Parcela 16, manzana 13
Marbella. Málaga. ES
Sup. planta alta: 186,36 m²
Sup. planta baja: 199,96 m²
Sup. planta sótano: 152,74 m²
Sup. parcela: 1.858,10 m²
Sup. total const.: 539,06 m²

Vivienda Unifamiliar LQ2425

Urbanización La Quinta
Parcelas 24 + 25
Benahavís. Málaga. ES
Sup. planta alta: 82,05 m²
Sup. planta baja: 215,10 m²
Sup. planta sótano: 139,05 m²
Sup. parcela: 1.467 m²
Sup. total const.: 436,20 m²

Vivienda Unifamiliar MCSJ

Urbanización Marbella Club
Parcela Santa Julia
Marbella. Málaga. ES
Sup. planta alta: 278,68 m²
Sup. planta baja: 344,09 m²
Sup. planta sótano: 576,12 m²
Sup. parcela: 3.122,32 m²
Sup. total const.: 1.198,89 m²

Vivienda Unifamiliar NA44LC

Urbanización Nueva Andalucía
Parcela 44 La Cerquilla
Marbella. Málaga. ES
Sup. planta baja: 479,99 m²
Sup. planta sótano: 315,50 m²
Sup. parcela: 2.744,98 m²
Sup. total const.: 795,49 m²

Vivienda Unifamiliar SB51-72

Urbanización Sierra Blanca
Parcelas 51 + 63 + 64 + 71 + 72
Marbella. Málaga. ES
Sup. planta alta: 340,39 m²
Sup. planta baja: 764,18 m²
Sup. planta sótano: 589,48 m²
Sup. parcela: 10.451 m²
Sup. total const.: 1.694,05 m²

Vivienda Unifamiliar LF113

Urbanización Los Flamingos
Parcela 113
Benahavís. Málaga. ES
Sup. planta alta: 180,74 m²
Sup. planta baja: 288,73 m²
Sup. planta sótano: 257,05 m²
Sup. parcela: 2.239 m²
Sup. total const.: 726,52 m²

Vivienda Unifamiliar ZGG24

Urbanización La Zagaleta
Benahavís. Málaga. ES
Descripción: vivienda unifamiliar
Superficie: 1.469,76 m²
Año: 2009

Vivienda Unifamiliar AFLP

Finca Los Picos.
Marbella. Málaga. ES
Descripción: vivienda unifamiliar
Sup. total const.: 3.864 m²
Año: 2004

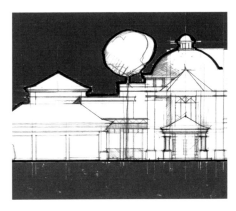

Vivienda Unifamiliar LYNS

Urbanización Sierra Blanca
Marbella. Málaga. ES
Descripción: vivienda unifamiliar
Superficie: 750 m²
Año: 2001

Vivienda Unifamiliar RCGV

Godella. Valencia. ES
Descripción: vivienda unifamiliar
Superficie: 575 m²
Año: 2009

Vivienda Unifamiliar BNTT

Urbanización Sierra Blanca
Marbella. Málaga. ES
Descripción: vivienda unifamiliar
Superficie: 875 m²
Año: 2001

Vivienda Unifamiliar MCVA
Urbanización Marbella Club
Avenida de las Torres
Marbella. Málaga. ES
Sup. planta alta: 275,74 m²
Sup. planta baja: 434,03 m²
Sup. parcela: 6.119 m²
Sup. total const.: 709,77 m²

Vivienda Unifamiliar TMB
Urbanización El Madroñal
Benahavís. Málaga. ES
Descripción: vivienda unifamiliar
Superficie: 567 m²
Año: 1989

Vivienda Unifamiliar
+ Estudio de Fotografía
Urbanización Nueva Andalucía
Marbella. Málaga. ES
Descripción: vivienda unifamiliar
+ estudio fotográfico
Superficie: 435 m²
Año: 1992

Arquitectura Interior
+ Decoración
Urbanización Incosol
Marbella. Málaga. ES
Descripción: reforma de apartamento
Superficie: 120 m²
Año: 2008

Arquitectura Interior
+ Decoración
Marbella. Málaga. ES
Descripción: reforma de apartamento
Superficie: 125 m²
Año: 2007

Vivienda Unifamiliar HBTMM
Urbanización Huerta de Belón
Calles Goleta y Bergantín
Marbella. Málaga. ES
Sup. planta alta: 330,53 m²
Sup. planta baja: 591,51 m²
Sup. planta sótano: 467 m²
Sup. parcela: 2.522,72 m²
Sup. total const.: 1.389,04 m²

Arquitectura Interior
+ Decoración
Urbanización Malibú
Marbella. Málaga. ES
Descripción: reforma de apartamento
Superficie: 280 m²
Año: 2006

Vivienda Unifamiliar NA26G
Urbanización Nueva Andalucía
Parcela 26, sector G3
Marbella. Málaga. ES
Sup. planta alta: 225,44 m²
Sup. planta baja: 252,07 m²
Sup. planta sótano: 234 m²
Sup. parcela: 2.363,68 m²
Sup. total const.: 1.252,57 m²

Vivienda Unifamiliar NA26G
Urbanización Nueva Andalucía
Marbella. Málaga. ES
Descripción: vivienda unifamiliar
Superficie: 675 m²
Año: 2002

Vivienda Unifamiliar NA43C
Urbanización Nueva Andalucía
Parcela 4, sector 3
Marbella. Málaga. ES
Sup. planta baja: 239,80 m²
Sup. parcela: 1.200 m²
Sup. total const.: 297,31 m²

Vivienda Unifamiliar RNA
Urbanización Nueva Andalucía
Marbella. Málaga. ES
Descripción: vivienda unifamiliar
Superficie: 707,60 m²
Año: 1996

Vivienda Unifamiliar GB132
Urbanización Guadalmina Baja
Marbella. Málaga. ES
Descripción: vivienda unifamiliar
Superficie: 514,32 m²
Año: 2002

Vivienda Unifamiliar SLCH
Hacienda Las Chapas
Marbella. Málaga. ES
Descripción: vivienda unifamiliar
Superficie: 985 m²
Año: 1982

Vivienda Unifamiliar TSB
Urbanización Sierra Blanca
Marbella. Málaga. ES
Descripción: vivienda unifamiliar
Superficie: 956 m²
Año: 1997

Vivienda Unifamiliar AGB
Urbanización Guadalmina Baja
Marbella. Málaga. ES
Descripción: vivienda unifamiliar
Sup. parcela: 2.753,28 m²
Sup. total const.: 979,02 m²
Año: 2002

Vivienda Unifamiliar DA
Urbanización Aloha
Marbella. Málaga. ES
Descripción: vivienda unifamiliar
Sup. parcela: 1.310,79 m²
Sup. total const.: 549,50 m²
Año: 2003

Vivienda Unifamiliar KSC
Sotogrande. Cádiz. ES
Descripción: vivienda unifamiliar
Superficie: 879 m²
Año: 2003

Vivienda Unifamiliar GB132
Urbanización Guadalmina Baja
Parcela 132. Marbella. Málaga. ES
Sup. planta alta: 134,05 m²
Sup. planta baja: 156,33 m²
Sup. planta sótano: 223,94 m²
Sup. parcela: 977,21m²
Sup. total const.: 514,32 m²

Vivienda Unifamiliar RLQ
Urbanización La Quinta
Benahavís. Málaga. ES
Descripción: vivienda unifamiliar
Sup. parcela: 2.000 m²
Sup. total const.: 550 m²
Año: 1997

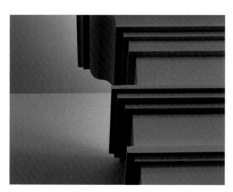

Vivienda Unifamiliar LF120
Urbanización Los Flamingos
Benahavís. Málaga. ES
Descripción: vivienda unifamiliar
Superficie: 685,25 m²
Año: 2010

Vivienda Unifamiliar MC33
Urbanización El Candado
Málaga. Málaga. ES
Descripción: vivienda unifamiliar
Superficie: 640,95 m²
Año: 2009

Vivienda Unifamiliar DCM
Calvià. Mallorca. ES
Descripción: vivienda unifamiliar
Superficie: 308,43 m²
Año: 2007

_04
ESPACIOS
COMERCIALES

Casino Sevilla
Sevilla. Sevilla. ES
Descripción: concurso para el proyecto
de implantación de un casino
+ salas de juego en la ciudad de Sevilla
Superficie: 12.600 m²
Año: 2000

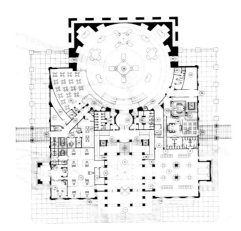

Grandes Bodegas
Marqués de Velilla
La Horra. Burgos. ES
Descripción: Bodegas
+ servicio de alojamiento
Sup. parcela: 1.703 m²
Sup. total const.: 6.090 m²
Año: 2002

Las Columnas
Algeciras. Cádiz. ES
Descripción: hotel y residencia
de 5 estrellas
Sup. parcela: 16.235 m²
Sup. total const.: 12.312 m²
Año: 1990

VPO San Pedro de Alcántara
4 Vientos. Marbella. Málaga. ES
Descripción: proyecto de viviendas
protegidas en asociación con
Sierpes 48
Superficie: 4.500,00 m²
Año: 2010/2012

Côté Soleil
Calle Muelle de Ribera. Casa Q, local 5
Marbella. Málaga. ES
Descripción: tienda de decoración
Sup. total const.: 75 m²
Año: 2004

Restaurante La Navilla
Centro Comercial Plaza del Mar
Marbella. Málaga. ES
Descripción: restaurante de
3 tenedores
Sup. total const.: 270,55 m²
Año: 2005

Kotobuki
Centro Comercial El Corte Inglés
Madrid. Madrid. ES
+ Alicante. Alicante. ES
Descripción: *shop corner* para el
restaurante japonés Kabuki
Superficie: 21 m²
Año: 2011

Restaurante Kabuki I
Avenida Presidente Carmona, 2
Marbella. Málaga. ES
Descripción: restaurante japonés
Sup. total const.: 250 m² + terraza
Año: 2002
· 1er Premio otorgado por el Ayuntamiento de
Madrid – XV Premios de Urbanismo y Obra
Pública 2002
· Cuenta con 1 estrella Michelin

Mumbai Bar
Muelle de Ribera. Puerto Banús
Marbella. Málaga. ES
Descripción: café-bar
Sup. total const.: 112,50 m²
Año: 2003

Centro Comercial G92
Urbanización Nueva Andalucía
Avenida de Los Girasoles
Marbella. Málaga. ES
Descripción: vivienda + centro comercial
Sup. parcela: 1.092,20 m²
Sup. total const. (comercial): 253,14 m²
Sup. total const. (vivienda): 288,35 m²
Sup. total edificada: 543,93 m²

Carmen de Los Alarifes
Granada. Granada. ES
Descripción: proyecto de reforma
de una vivienda histórica protegida
Superficie: 450 m²
Año: 2006

Gimnasio Oxigeno RFL Fitness
Centro Comercial La Cañada
Locales 130 + 131.
Marbella. Málaga. ES
Descripción: gimnasio
Sup. total const.: 398 m²

Centro Comercial Plaza
Urbanización Nueva Andalucía
Marbella. Málaga. ES
Descripción: 104 apartamentos
en 17 bloques
Sup. parcela: 16.235 m²
Sup. total const.: 12.312 m²
Año: 1986

Casino Nueva Andalucía
Urbanización Nueva Andalucía
Marbella. Málaga. ES
Descripción: 104 apartamentos
en 17 bloques
Sup. parcela: 16.235 m²
Sup. total const.: 12.312 m²
Año: 1978

Casino Salamanca
Salamanca. Salamanca. ES
Descripción: concurso para
un proyecto de implantación
de un casino + salas de juego
en la ciudad de Salamanca
Superficie: 7.650 m²
Año: 2001

Baghdad Hotel
Baghdad. Irak. IRQ
Descripción: 6 bloques de
55 viviendas + piscina + zonas
comunes
Sup. parcela: 16.695 m²
Sup. total const.: 10.000 m²

Engel Axil Nave & Oficinas
Barberà del Vallès. Barcelona. ES
Descripción: proyecto de edificación
con elementos prefabricados como
máxima para edificio de oficinas,
administración, gerencia, venta al
público + naves de almacenamiento
de equipos electrónicos + I+D
Superficie: 50.000 m²
Año: 2008

**Hotel & Zona Comercial
Benabola**
Marbella. Málaga. ES
Descripción: desarrollo de conjunto
hotelero, residencial y comercial.
Última fase del desarrollo del Puerto
Deportivo José Banús.
Proyecto MS
+ Dirección Estudio Lamela

**Edificio de Mantenimiento
Golf Islantilla**
Islantilla. Isla Cristina. Huelva. ES
Descripción: edificio de
mantenimiento, comedores y oficinas
de empleados del campo de golf
Año: 2004

Dama de Noche Club de Golf
Urbanización Nueva Andalucía
Marbella. Málaga. ES
Descripción: casa club + vestuarios
+ cafetería
Superficie: 250 m² (interiores)
+ 150 m2 (terrazas) + aparcamiento
Año: 1992

**Reforma Casa Club de Golf
Las Brisas**
Urbanización Las Brisas
Parcelas 89 + 90 + 91 + 92
Marbella. Málaga. ES
Descripción: ampliación de casa club
Sup. parcela: 5.100 m²
Sup. total const.:1.399 m²

**Beach Club + Disco Playas
del Duque**
Urbanización Playas del Duque
Marbella. Málaga. ES
Descripción: beach club + bar
+ discoteca + restaurante de lujo
+ terrazas + piscina
Superficie: 3.000 m² (terrazas
+ piscina) + 3.200 m² (edificación)
Año: 1973

P.H. Jewelers
Marbella. Málaga. ES
Descripción: joyería
Superficie: 110 m²
Año: 1980

Marbella Beach Club
Marbella. Málaga. ES
Descripción: 104 apartamentos
en 17 bloques
Sup. parcela: 16.235 m²
Sup. total const.: 12.312 m²
Año: 1970

Beach Club Islantilla
Islantilla. Isla Cristina. Huelva. ES
Descripción: tienda + vestuarios
+ restaurante + cocina + servicios
Superficie: 850 m² (solárium + terrazas
+ piscina) + 600 m² (edificado)
Año: 2002

Nave Industrial Volvo + Nissan
Marbella. Málaga. ES
Descripción: proyecto para nave
de venta + taller de Volvo y Nissan
Superficie: 2.500 m²
Año: 2009

Edificio Encabo
Marbella. Málaga. ES
Descripción: edificio de apartamentos
+ locales comerciales
Superficie: 3.500 m²
Año: 1987

Automóviles Orientales
México D. F. México. MX
Descripción: taller + exposición
+ tienda de automóviles
Superficie: 6.700 m²
Año: 1968

Acceso Wellness O2
Centro Comercial Plaza del Mar
Marbella. Málaga. ES
Descripción: spa
Sup. total const.: 40 m²
Año: 2005

**Oficina Inmobiliaria
Kristina Szekely**
Marbella. Málaga. ES
Descripción: arquitectura interior
de local comercial para oficinas
inmobiliarias
Sup. total const.: 240 m²
Año: 2002

Oficinas Frühbeck Abogados
Marbella. Málaga. ES
Descripción: remodelación
+ amueblamiento + decoración
de despachos y locales para oficina
de abogados
Superficie: 280 m²
Año: 1990

Páez Abogados
Marbella. Málaga. ES
Descripción: remodelación
+ amueblamiento + decoración
de despacho profesional de abogados
Superficie: 185 m²
Año: 1996

Casa Club El Toyo
El Toyo. Almería. ES
Descripción: casa club de golf
Sup. total const.: 1.080 m²

Boutique Campuzano
Urbanización Aloha
Marbella. Málaga. ES
Descripción: adecuación + decoración
de local para tienda de ropa y accesorios
de mujer
Superficie: 320 m²
Año: 1994

Tiendas Poco Loco
Marbella. Málaga. ES
Descripción: reforma + arquitectura
interior de varias tiendas
Sup. parcela: 16.235 m²
Sup. total const.: 12.312 m²
Año: 1987

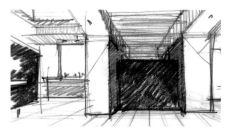

Eye Clinic
Riad. Arabia Saudí. SAU
Descripción: laboratorio + tienda óptica
Superficie: 560 m²
Año: 1985

Boutique Enrico
Marbella. Málaga. ES
Descripción: boutique
Superficie: 160 m²
Año: 1986

Tattaglia Restaurante
Madrid. Madrid. ES
Descripción: dirección de obra
y colaboración en adaptación
+ decoración + mobiliario para
drugstore y restaurante
Superficie: 1.500 m^2
Año: 1986

Toffanetti Restaurante
Madrid. Madrid. ES
Descripción: dirección de obra
y colaboración en adaptación
+ decoración + mobiliario para
drugstore y restaurante
Superficie: 1.500 m^2
Año: 1988

Vips Madrid Ortega & Gasset
Madrid. Madrid. ES
Descripción: dirección de obra
y colaboración en adaptación
+ decoración + mobiliario para
drugstore y restaurante
Año: 1986

Vips Barcelona Drugstore
Barcelona. Cataluña. ES
Descripción: dirección de obra
y colaboración en adaptación
+ decoración + mobiliario para
drugstore y restaurante
Año: 1974

Marvellous Bar-Café
Marbella. Málaga. ES
Descripción: arquitectura interior
+ decoración
Sup. parcela: 16.235 m^2
Sup. total const.: 12.312 m^2
Año: 2002

The Embassy Sandwich Bar
Urbanización Nueva Andalucía
Marbella. Málaga. ES
Descripción: adaptación + decoración
+ amueblamiento para *sandwich bar*
+ cafetería en un centro comercial
Superficie: 160 m^2
Año: 1994

Restaurante Silhouette
Marbella. Málaga. ES
Descripción: adaptación + decoración
+ amueblamiento para restaurante-bar
con espectáculo
Superficie: 800 m^2
Año: 1992

Dalli's Pasta Factory
Marbella. Málaga. ES
Descripción: restaurante italiano
Superficie: 165 m^2
Año: 1988

Restaurante Dalli's
Marbella. Málaga. ES
Descripción: adaptación + decoración
+ amueblamiento para restaurante
italiano
Superficie: 180 m^2
Año: 1989

Restaurante Los Bandidos
Marbella. Málaga. ES
Descripción: restaurante *bistrot*
Superficie: 130 m^2
Año: 1986

Bar Francis
Madrid. Madrid. ES
Descripción: bar restaurante
Superficie: 85 m^2
Año: 1980

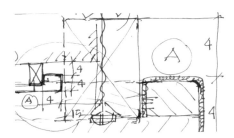

Restaurante Porta Rossa
Madrid. Madrid. ES
Descripción: restaurante italiano
Superficie: 265 m^2
Año: 1979

Restaurante & Bar Muralto
Madrid. Madrid. ES
Descripción: adaptación + decoración
+ amueblamiento para bar
y restaurante
Superficie: 385 m^2
Año: 1997

Restaurante La Calesa
México. MX
Descripción: restaurante de cocina
tradicional
Superficie: 380 m^2
Año: 1970

Restaurante Aspen
Urbanización La Moraleja
Madrid. Madrid. ES
Descripción: adaptación de local
adjunto al restaurante original a
cafetería-bar
Superficie: 1350 m^2
Año: 2010

Pam Pam Coffee Shop
Madrid. Madrid. ES
Descripción: cafeteria
Superficie: 145 m^2
Año: 1979

_05
PROYECTOS

Pueblo Mediterráneo Crossa
Arroyo Calero. Ojén. Málaga. ES
Descripción: 93 viviendas plurifamiliares
+ locales comerciales
Superficie: 9.642,48 m^2
Año: 2010

Bakú Oficinas
Bakú. Azerbaiyán. AZ
Descripción: oficinas para una
compañía de energía
Superficie: 420 m^2
Año: 2010

Lar Sol
La Cala Resort
Mijas. Málaga. ES
Descripción: viviendas adosadas
+ viviendas plurifamiliares
Superficie: 2.517,61 m^2
Año: 2006

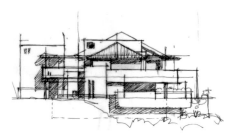

La Quinta de Los Monteros
Los Monteros. Marbella. Málaga. ES
Descripción: 144 viviendas
plurifamiliares
Superficie: 21.743 m^2
Año: 2003

Vivienda Unifamiliar
Los Verdiales. Marbella. Málaga. ES
Descripción: hotel de 5 estrellas
Superficie: 34.681,41 m^2
Año: 2007

Dubái
Dubái. Emiratos Árabes Unidos. ARE
Descripción: vivienda unifamiliar
Año: 2007

Vivienda Unifamiliar
Sotogrande. Cádiz. ES
Descripción: vivienda unifamiliar
Superficie: 541 m^2
Año: 2008

Hotel Jobombiche
Jobombiche. Guatemala. GTM
Descripción: hotel de 5 estrellas
Año: 2005

Vivienda Unifamiliar
Cascadas de Camoján
Marbella. Málaga. ES
Descripción: 2 viviendas unifamiliares
Superficie: 2.750 m^2
Año: 2003

Zagaleta Norte
Urbanización La Zagaleta
Benahavís. Málaga. ES
Descripción: proyecto para 5 viviendas
unifamiliares
Superficie: 8.193 m^2
Año: 2008

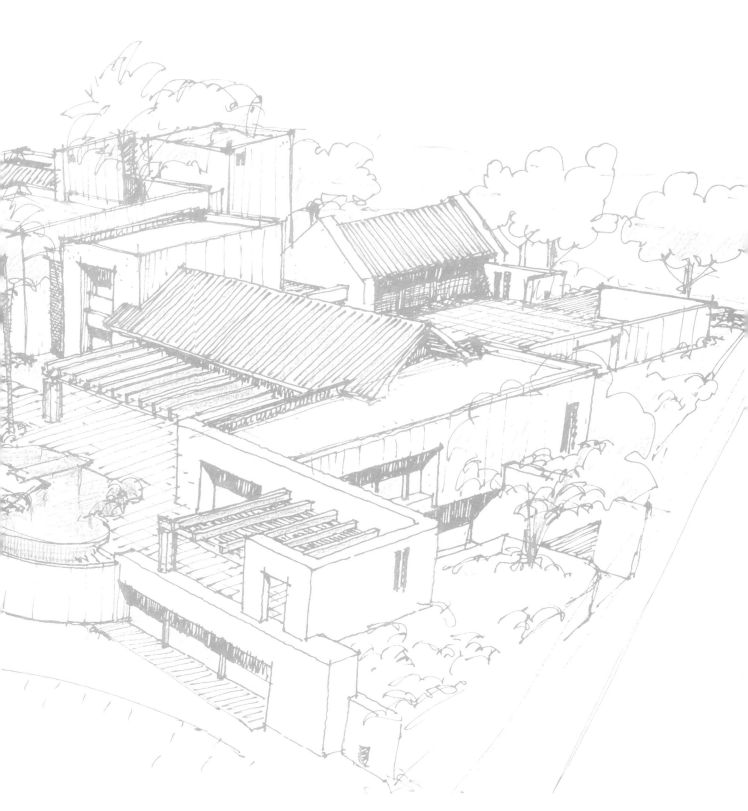

AGRADECIMIENTOS

Siempre nos hemos sentido orgullosos de haber creado un espíritu de equipo; vaya por delante nuestro más sincero agradecimiento por todo lo que hemos recibido de cada uno de los colaboradores con los que hemos tenido el honor de trabajar durante muchos años. Gracias a todos por su comprensión, esfuerzo e ilusión aportados en todos los proyectos en los que han participado. Gracias por los éxitos y por los fracasos, ya que todos hemos aprendido de ellos; gracias por vuestras críticas y, sobre todo, por aportar vuestro cariño y experiencia personal, de la cual nos hemos enriquecido todos.

La memoria es flaca, esperamos que todos recordéis los buenos momentos y otros no tan buenos. ¡Nosotros os recordaremos siempre!

Paco Villalobos, Antonio Serrano, Miguel Bermúdez, Antonio García, Azucena Huarte, **Héctor Conte**, Alfonso López, Ramón Martín, Ramón García, Javier Banús, Antonio Banús, Juan Salvador Shvartzberg, Rodolfo Amieva, Vlad Apetrei, Fernando Yankelevich, Eduardo Andrada, Luis Silván, José María Gozalo, Miguel Miedes, José Tembleque, Enrique Canales, José Canales, Fernando Sotomayor, Fernando González Loscertales, Manuel Bermudo, Juan Cantero, Luis Ybarra, José María Cárdenas, Joaquín Sáinz, Margara Graf, Gustavo Loisseau, Marco Antonio Pulido, Hans Peter Ziervogel, Mari Carmen Ferrer, Ana Guerrero, Gerardo Soto, María Bostock, **Faridah Sáinz, José Luis Santini**, Amparo Corral, Horacio Ceriani, Pablo Bernetich, Paula Saco, Laura Martínez Visca, Itziar Ortiz, **Emmanuelle Agier**, **Javier Pascual**, Paola Matusevich, Christian Cabral, César Sánchez, Sacha Michel, Javier González, Andrés Domínguez, **Juan Barranco**, **José Bernardo Aguilar**, Liz Gallese, Marta Millán, Romer Callejas, Hebe D'Annunzio, Mercedes Mateos, Vanesa Márquez, María Ángeles Márquez, Sayano Kurasaki, José Miguel Coello, Francisco Martínez, Hussein Garzón, Imran, **Víctor Sola**, Ana Canales, Luiyo Vázquez, José Luis García, Alberto Fresno, Jorge Rincón, Patrick Bernekow, Ricardo Fresno, Pilar Domingo, Maite Miras, Wayne Chasan, Diego Domínguez, Diego Sáinz, Alan Chasan, Juan Carlos Oubiña, Jorge Suárez, Carmen Thomasa, Marta Vergara, Gerardo Marcos, Raúl Acevedo, Carlos González, Javier Hernández Gordillo, Juan María Hernández, José Montes, Benjamín Rodríguez, Amy Lunt, Carolina Salem, Irene Garrido, Francisco Cortés, Marta Cortés, José Montenegro, Juan Carlos Monge, Marcelino Vidal, Baltasar Ríos, Gustavo Closter, Sherina Hidalgo, Verónica Moure, Carola Gross, Samar Kayali, Pamela Liddle, Gabriela Sánchez, Elena Muñoz, María Rojas, Armando Ramos, Luis Eduardo Pacor, Sebastián Maronese, Marcelo Biasella, Natalie, María José Gallardo, Javier Fuentes, Domingo Manuel Fernández, Marisa Cantón, Francisco Javier Bernal, Jacqueline Bautista, Aída Alonso, Nuria Sebastián, Mariví Jiménez, Skander Allani, Manuel Ponce, Manuel Alba, Pedro Moraleda, Begoña, **Arnoldo Ochoa**, Jacobo Ochoa, Walter Fischer, Oscar Sáinz, Manuel García, Raúl Fuentes García, Paco Román, Belén, Tom Bosch, **Maurice Sáinz** y **Monique Sáinz;** y a **Noldi Schreck**, ¡por su cariño y por todo lo que hemos aprendido de él!

Queremos disculparnos si no hemos mencionado a alguien (ya decíamos, la memoria es flaca), pero nuestro agradecimiento va también para ellos.

Y, como no, una especial mención y nuestro más sincero agradecimiento a todos los clientes y amigos que han creído en nuestro equipo. Sin ellos y sin todos los que habéis colaborado con nosotros a través de los años, todo lo que hemos creado no habría sido posible.

SPECIAL THANKS

We have always been proud to have created a team spirit; we would like to express our sincere thanks for everything that we have received from each of the collaborators with whom we have had the honour of working for so many years. Thank you all for your understanding, effort and enthusiasm that you have contributed to all the projects in which you have participated. Thanks for the successes and failures, because we've all learned from them, and thank you for your criticisms and especially your kindness and personal experience, which have enriched us all.

Memory is fallible, so we hope you all remember the good and the not so good times. We will always remember you!

Paco Villalobos, Antonio Serrano, Miguel Bermúdez, Antonio García, Azucena Huarte, **Héctor Conte**, Alfonso López, Ramón Martín, Ramón García, Javier Banús, Antonio Banús, Juan Salvador Shvartzberg, Rodolfo Amieva, Vlad Apetrei, Fernando Yankelevich, Eduardo Andrada, Luis Silván, José María Gozalo, Miguel Miedes, José Tembleque, Enrique Canales, José Canales, Fernando Sotomayor, Fernando González Loscertales, Manuel Bermudo, Juan Cantero, Luis Ybarra, José María Cárdenas, Joaquín Sáinz, Margara Graf, Gustavo Loisseau, Marco Antonio Pulido, Hans Peter Ziervogel, Mari Carmen Ferrer, Ana Guerrero, Gerardo Soto, María Bostock, **Faridah Sáinz, José Luis Santini**, Amparo Corral, Horacio Ceriani, Pablo Bernetich, Paula Saco, Laura Martínez Visca, Itziar Ortiz, **Emmanuelle Agier**, **Javier Pascual**, Paola Matusevich, Christian Cabral, César Sánchez, Sacha Michel, Javier González, Andrés Domínguez, **Juan Barranco**, **José Bernardo Aguilar**, Liz Gallese, Marta Millán, Romer Callejas, Hebe D'Annunzio, Mercedes Mateos, Vanesa Márquez, María Ángeles Márquez, Sayano Kurasaki, José Miguel Coello, Francisco Martínez, Hussein Garzón, Imran, **Víctor Sola**, Ana Canales, Luiyo Vázquez, José Luis García, Alberto Fresno, Jorge Rincón, Patrick Bernekow, Ricardo Fresno, Pilar Domingo, Maite Miras, Wayne Chasan, Diego Domínguez, Diego Sáinz, Alan Chasan, Juan Carlos Oubiña, Jorge Suárez, Carmen Thomasa, Marta Vergara, Gerardo Marcos, Raúl Acevedo, Carlos González, Javier Hernández Gordillo, Juan María Hernández, José Montes, Benjamín Rodríguez, Amy Lunt, Carolina Salem, Irene Garrido, Francisco Cortés, Marta Cortés, José Montenegro, Juan Carlos Monge, Marcelino Vidal, Baltasar Ríos, Gustavo Closter, Sherina Hidalgo, Verónica Moure, Carola Gross, Samar Kayali, Pamela Liddle, Gabriela Sánchez, Elena Muñoz, María Rojas, Armando Ramos, Luis Eduardo Pacor, Sebastián Maronese, Marcelo Biasella, Natalie, María José Gallardo, Javier Fuentes, Domingo Manuel Fernández, Marisa Cantón, Francisco Javier Bernal, Jacqueline Bautista, Aída Alonso, Nuria Sebastián, Mariví Jiménez, Skander Allani, Manuel Ponce, Manuel Alba, Pedro Moraleda, Begoña, **Arnoldo Ochoa**, Jacobo Ochoa, Walter Fischer, Oscar Sáinz, Manuel García, Raúl Fuentes García, Paco Román, Belén, Tom Bosch, **Maurice Sáinz** and **Monique Sáinz;** and **Noldi Schreck**, for his kindness and all that he has taught us!

We apologise if we have omitted anyone (we did say that memory is fallible), but we are also grateful to all of you.

And, of course, a special mention and our sincere thanks to all the clients and friends who have put their faith in our team. Without them and everyone who has worked with us over the years, what we have created would not have been possible.

DE CARA AL FUTURO

Hasta aquí hemos hablado sobre aquello que ha sucedido en el pasado, una experiencia fundamental para todo lo que a partir de ahora debemos emprender.

Tanto los fundamentos filosóficos del inicio como la vasta experiencia acumulada nos darán una base, un punto de partida para que todos los días mejoremos profesionalmente además de como personas.

La continuidad de todo esto se encuentra garantizada por la participación del equipo que hemos formado, que observa y aprende del pasado para poder desarrollar un futuro mejor.

Maurice y Monique Sáinz, del equipo fundacional del Estudio MS, son garantía suficiente para que los principios enunciados se preserven y amplíen en futuras experiencias, en proyectos que siempre hemos deseado: el mejor proyecto es aquel que aún no hemos desarrollado.

LOOKING AHEAD

So far we have talked about what happened in the past, a fundamental experience that has created the foundations for what is to come.

Both the philosophical underpinnings of the beginning and the vast experience we have acquired since then will give us a foundation; a starting point, ensuring that every day we improve both professionally and personally.

The continuity of all this is guaranteed by the participation of a solid team, who watch and learn from the past in order to build a better future.

Maurice and Monique Sáinz, members of the Estudio MS founding team, are sufficient guarantee that the established principles are preserved and expanded in future experiences, in future projects that we seek continuously: the best project is the one yet to be done.

FOTOGRAFÍA/PHOTOGRAPHY

Wayne Chasan
PP.: 015/016/018/019/020/021/023/066/067/070/072/073/
083/084/085/090/091/092/093/104/105/106/108/109/111/154/
155/156/158/159/162/163/164/165/166/167/168/169/170/171/
172/173/232/233/236/237/238/239/240/241/242/243/248/
249/254/255/256/257/258/259/260/261/324/325/326/327/
328/329/330/334/335/336/337/338/339/340/341/342/343

Raúl Fuentes
PP.: 300/301/302/303/304/305

Tom Bosch
PP.: 327/328/329/332/333

Diego Domínguez
PP.: 074/076/077

José B. Aguilar
PP.: 128/129/131

José A. Aparicio
PP.: 314/315/316/317/318/319

Belén Imaz
PP.: 202/203/204/206/207/208/209

Francisco Román
PP.: 262/263/264/265/266/267/268/269/270/271

Skander Allani
PP.: 046/047/048/049/078/079/080/081/112/113/114/115/
116/117/118/119/120/121/122/123/124/125/190/191/192/194/195/
196/197/198/199/226/227/228/229/230/231/272/273/274/
275/276/277/278/279/280/281/282/283/284/285/286/287/
288/289/306/307/308/309/310/311/312/313

Monique Sáinz
PP.: 078/079/080/081/096/097/101/102/103/112/113/114/
115/116/117/118/119/120/121/122/123/124/125/126/127/132/
174/175/176/177/178/180/181/190/191/192/194/195/196/197/
198/199/226/227/228/229/230/231/272/273/274/275/276/
277/278/279/280/281/282/283/284/285/286/287/288/289/
306/307/308/309/310/311/312/313/344/345/346/347/348/349/
350/351/352/353/354/355/356/357/358/359

Fotos cedidas por particulares /
Photos provided by individuals:
PP.: 139/140/141/142/143/146/147/148/149/184/185/
187/188/189/212/213/214/215/216/217/218/220/221/222/
223/224/225/242/243/244/245/246/247/248/249/290/
291/292/293/294/295/296/297/360/361/362/363